农村土地流转
质量评价与驱动机制

基于供给侧结构性改革的视角

教育部人文社会科学研究青年基金项目（17YJCZH077）

兰 玲　郭衍宏　杜冰冰 ◎ 著

QUALITY EVALUATION AND
DRIVING MECHANISM OF
RURAL LAND CIRCULATION

From the Perspective of Supply-side Structural Reform

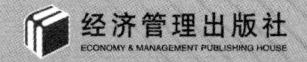

经济管理出版社
ECONOMY & MANAGEMENT PUBLISHING HOUSE

图书在版编目（CIP）数据

农村土地流转质量评价与驱动机制：基于供给侧结构性改革的视角/兰玲，郭衍宏，杜冰冰著. —北京：经济管理出版社，2020.11
ISBN 978-7-5096-7476-5

Ⅰ. ①农… Ⅱ. ①兰… ②郭… ③杜… Ⅲ. ①农村—土地流转—研究—中国 Ⅳ. ①F321.1

中国版本图书馆 CIP 数据核字(2020)第 235920 号

组稿编辑：王光艳
责任编辑：丁光尧
责任印制：黄章平
责任校对：王淑卿

出版发行：经济管理出版社
（北京市海淀区北蜂窝 8 号中雅大厦 A 座 11 层　100038）
网　　址：www.E-mp.com.cn
电　　话：(010) 51915602
印　　刷：唐山昊达印刷有限公司
经　　销：新华书店
开　　本：720mm×1000mm/16
印　　张：11.25
字　　数：183 千字
版　　次：2020 年 12 月第 1 版　2020 年 12 月第 1 次印刷
书　　号：ISBN 978-7-5096-7476-5
定　　价：68.00 元

·版权所有　翻印必究·
凡购本社图书，如有印装错误，由本社读者服务部负责调换。
联系地址：北京阜外月坛北小街 2 号
电话：(010) 68022974　邮编：100836

前　言

农业供给侧结构性改革是指从消费者角度调整农产品供给结构,以解决农产品的供求失衡问题,从目前的宏观目标来看,主要包括"去库存、降成本、补短板"三个方面。去库存的首要任务是新建农业经营主体,以调整经营结构、优化经营体系,进而促进农业产业体系、生产体系的完善,以助推供给侧结构性调整;降成本的根本措施是以土地经营规范流转推动农村土地规模经营;补短板的关键步骤是推进土地制度改革,放活经营权流转,继而提升土地要素的流动[①]。

可见,农村土地流转是农业供给侧结构性改革的主要路径节点,农村土地流转既是农业供给侧结构性改革的内在要求,也是促进农业供给侧结构性改革的核心要素,本书分析了农村土地流转对农业供给侧结构性改革的驱动机理,通过对我国农业产业结构的阶段性特征和我国农产品供求现状的定量分析,明确了我国农业供给侧结构性改革的历史、现实背景与意义。通过回归分析,实证了农村土地流转对农业生产、农民收入、农村就业等各指标的正向效应,并客观分析了由于制度的不完善,农村土地流转过程中产生的一些负向效应。在此基础上,对我国农村土地流转模式进行多重比较分析,探索了促进农业供给侧结构性改革的农村土地流转的提升路径和政策建议。

在本书写作过程中,参阅、吸收和引用了国内外很多学者的研究成果,特别感谢诸位学者的真知灼见。由于笔者能力和水平有限,这个不成熟的初步研究成

---

① 郭社荣. 加快推进农业供给侧改革［N］. 人民日报（海外版）,2016-03-11（12）.

果必然存在不少局限性,这也将是笔者未来工作的研究重点。因此,除了对相关学者表示衷心感谢之外,还请广大读者批评指正,不吝赐教!

兰玲　郭衍宏　杜冰冰

2020 年 8 月

目 录

第一章 理论基础 … 1

第一节 生产力与生产关系理论 … 1
一、生产力 … 2
二、生产关系 … 3
三、生产力与生产关系的辩证统一 … 7
四、经济基础与上层建筑 … 10

第二节 土地所有权及其结构关系 … 12
一、经济关系与法权关系 … 12
二、所有权内部结构 … 14
三、土地权利分离与地租 … 15
四、从两权分离到三权分置 … 17

第二章 我国农业产业结构的历史与现状 … 22

第一节 我国农业产业结构阶段性分析 … 22
一、改革开放前我国农业产业结构的调整 … 22
二、改革开放以来我国农业产业结构调整变化历程 … 24

第二节 我国农产品供求现状分析 … 35
一、我国农产品总量指标分析 … 35
二、我国农产品结构指标分析 … 39

三、我国农产品供给结构存在的其他问题 …………………… 46

第三章 土地流转对农业供给侧结构性改革的驱动机理 ………… 48

  第一节 农业供给侧结构性改革与土地流转的耦合关系 ………… 48

    一、农业供给侧结构性改革的目标 ………………………… 48

    二、土地流转是农业供给侧结构性改革的关键因素 ………… 54

  第二节 农村土地流转对农业供给侧结构性改革的作用路径 …… 57

    一、调整农业结构，推动农业供给侧结构性改革 …………… 57

    二、促进制度创新，激发农业供给侧结构性改革 …………… 63

    三、改变农民角色定位，助力农业供给侧结构性改革 ……… 67

    四、提高投入产出效率与质量，促进农业供给侧结构性改革 …… 69

第四章 我国农村土地流转现状与质量评价 …………………………… 72

  第一节 我国农村土地流转现状 ……………………………………… 72

    一、我国农村土地发布量现状 ………………………………… 72

    二、我国农村土地流转量现状 ………………………………… 75

    三、我国农村耕地流转量现状 ………………………………… 77

  第二节 我国农村土地流转综合效果分析 …………………………… 81

    一、农村土地流转的正向效应 ………………………………… 81

    二、农村土地流转的负向效应 ………………………………… 92

第五章 农村土地流转的多重比较分析 ………………………………… 96

  第一节 国外农村土地产权制度 ……………………………………… 96

    一、美国农村土地产权制度 …………………………………… 97

    二、日本农村土地产权制度 …………………………………… 98

    三、俄罗斯农村土地产权制度 ………………………………… 100

    四、印度农村土地产权制度 …………………………………… 101

    五、越南农村土地产权制度 …………………………………… 103

  第二节 国内典型地区的农村土地流转模式 ………………………… 104

一、重庆模式 ………………………………………………… 104
　　二、成都模式 ………………………………………………… 107
　　三、嘉兴模式 ………………………………………………… 109
　　四、代村模式 ………………………………………………… 111
　　五、塘约模式 ………………………………………………… 113

第六章　我国农村土地流转的条件与障碍 …………………… 116

第一节　我国农村土地流转的条件 ……………………………… 116
　　一、政策创新为农村土地流转提供了制度环境 …………… 116
　　二、企业家类型村干部群体推动农村土地流转 …………… 118
　　三、确权工作的推进，促进农村土地流转 ………………… 118
　　四、其他推动农村土地流转的条件 ………………………… 121

第二节　我国农村土地流转存在的问题 ………………………… 122
　　一、制度层面 ………………………………………………… 122
　　二、市场层面 ………………………………………………… 123
　　三、人才层面 ………………………………………………… 125

第三节　我国农村土地流转的障碍 ……………………………… 129
　　一、我国农村土地流转效率不高，流转规范性有待提高 … 129
　　二、土地流转成本高，农村种植业投资风险大，农村金融支持
　　　　力度不大 ………………………………………………… 130
　　三、我国农村土地流转市场运行机制不健全 ……………… 131
　　四、不完善的养老制度阻碍了农村土地流转 ……………… 133

第七章　农村土地流转的原则和政策建议 …………………… 135

第一节　我国农村土地流转应坚持的原则 ……………………… 135
　　一、以农业供给侧结构性改革为导向 ……………………… 135
　　二、尊重农村土地流转规律 ………………………………… 136
　　三、坚持农村土地集体所有制 ……………………………… 137
　　四、维护农民权益 …………………………………………… 138

五、严守保护耕地原则 ……………………………………… 139
　　六、坚持以增加农民经济收入为目标 …………………… 140
第二节　我国农村土地流转的政策建议 ……………………… 142
　　一、聚焦农民培训，提升农民竞争力 …………………… 142
　　二、加强资金保障，优化我国土地流转质量 …………… 145
　　三、建立健全农村社保体系，加速农村土地流转 ……… 148
　　四、推动适度规模经营，发展品牌化农业 ……………… 149
　　五、建立土地流转平台和机构，提高我国农村土地流转效率 ……… 150
　　六、优化基层政府行为，推动我国农村土地有序流转 ……… 151
　　七、继续推进三产融合发展，实现农业现代化 ………… 154

附　录 …………………………………………………………… 157

参考文献 ………………………………………………………… 163

第一章
理论基础

无论是研究供给与需求的辩证关系，还是土地所有权及其内部结构关系，均不能仅看经济的表面现象，需要运用马克思主义政治经济学的理论去探求经济现象背后的本质规律。生产力与生产关系的辩证关系，既涵盖着生产与消费关系在内的供求关系本质规律，又决定着土地所有权内部权利关系演变的规律。

第一节　生产力与生产关系理论①

生产力与生产关系及由其决定的经济基础与上层建筑的矛盾推动了制度变革，其中，生产力是首要因素。生产力是马克思主义理论的最基本范畴，"人们所达到的生产力总和决定着社会状况"②，决定着一种社会状态向另一种社会状态的演变，生产力是"全部历史的基础"③。

---

① 兰玲.我国农村土地关系演变规律［M］.北京：经济管理出版社，2016：1-11，14-15.
② 马克思，恩格斯.费尔巴哈：唯物主义观点和唯心主义观点的对立［M］.北京：人民出版社，1988：24.
③ 中共中央马克思恩格斯列宁斯大林著作编译局.马克思恩格斯选集（第4卷）［M］.北京：人民出版社，1972：321.

一、生产力

(一) 生产力概念规定性

生产力是生产的能力，反映人与物的关系，是人改造世界以满足自身需求的能力，表现为人对自然适应、利用、改造和支配的程度。换言之，生产力并不是一种物质实体，不是构成社会生产的要素本身，而是非实体性的一种能力或力量。马克思生产力理论也是不断发展的，早期马克思在自己的哲学、经济学著作中，曾阐述过生产力理论。马克思曾使用"自然生产力""土地生产力""劳动生产力""生产能力""劳动的生产能力"等词语，由此说明，最初马克思对生产力的规定性便不是生产要素本身，而是一种能力或力量。后来，马克思开始逐渐形成新的世界观即唯物主义世界观，这时的马克思主要从唯物论角度丰富和发展生产力理论。在评李斯特的文章中提到水力、蒸汽力、人力、马力是生产力，同时也反复提到生产力是一种能力，而这种能力蕴藏于劳动者自身之中，劳动者就是生产力的物质承担者，他还注意到了这个物质承担者与能力的区别和联系，这种能力并不是物质承担者本身。在后来的《德意志意识形态》《哲学的贫困》《共产党宣言》《雇佣劳动与资本》等著作中既提到了生产力是一种能力，又提到了生产力具有物的外壳，且常常将劳动力与生产力交替使用，提到革命阶级本身就是生产力，实际上，马克思更多地从物质实体的意义上使用生产力的概念。1857 年后，马克思唯物主义世界观逐渐完善和成熟，这之后，虽然其从生产力要素的角度提到人是生产力，但生产力是一种能力或力量的论述更多，基本上不从物质实体的角度来使用生产力这一概念，社会历史发展的力量具有由劳动创造并以物化劳动的形式存在的特点。

(二) 生产力要素

关于生产力的要素，学者们一直持有不同的观点。20 世纪五六十年代主要围绕生产力"二因素"说和"三因素"说展开争论，"二因素"说从生产力是人们征服自然、改造自然中的人与物关系出发，把生产力的因素概括为人和劳动资料，"三因素"说是把劳动的三个简单要素作为生产力的三个要素，即"有目的的活动或劳动本身，劳动对象和劳动资料"。后来的学者又对生产力要素进行了多方面拓展，知识、科技、管理、创新、结构调整等均被发展成生产力的要素。其实马克思、恩格斯和列宁都未提到过生产力的要素，马克思只提过劳动的三个简单要素。马克思还提到过劳动生产力，这是为了区别于资产阶级学者把生产力归结为资本生产力而提出的，同时指出"工人的平均熟练程度，科学的发展水平和它在工艺上应用的程度，生产的社会结合，生产资料的规模和效能，以及自然条件"是决定劳动生产力的要素，马克思还指出协作、科学、自然资源和自然力是生产力。① 对于生产力要素，我们应该用发展的眼光来看，在生产力基本要素之上，应该随着时代的发展和生产形式、特征的变化，不断地发展生产力要素，并且认识到生产力诸要素地位的变化及其相互之间的矛盾运动。

二、生产关系

（一）生产关系内涵

人的社会生产活动包括两个方面，人与自然的物质交换关系，即生产力；人与人的社会关系，即生产关系。生产关系是人们在生产中结成的人与人之间的关系，规定着社会生产的社会性。"人们在生产中不仅仅同自然界发生关系。他们如果不以一定方式结合起来共同活动和互相交换其活动，便不能进行生产。为了进行生产，人们便发生一定的联系和关系，只有在这些社会联系和社会关系的范围内，才会有他们对自然界的关系，才会有生产。"② 和亚当·斯密、大卫·李嘉图等前人的孤立人思想不同，马克思始终把人看作集体人、社会人，人总是在一定的社会中生存和生产，不与别人发生关系只是一种幻想。从人类社会发展过程来看，无论是原始社会，还是资本主义社会，人都不可能孤立存在，人在生产和生活中和别人发生着各种各样的联系。社会分工越扩大，这种联系就越广泛，

---

① 马克思. 机器、自然力和科学的应用[M]. 北京：人民出版社，1978：226.
② 中共中央马克思恩格斯列宁斯大林著作编译局. 马克思恩格斯选集（第1卷）[M]. 北京：人民出版社，1972：362.

有的联系看得见,有的联系看不见,这些联系纵横交错、千丝万缕。为了生存与发展,人们就要进行物质生产,生产中必须获得物质财富才能满足人们的需要,在不同的社会中,人们进行物质生产的社会基础不同,人们进行物质生产的形式不同,人们分配物质财富的方式也不同,归根结底都是围绕着物质利益而展开的,因此生产关系是人们在生产中结成的人与人之间的物质利益关系。生产关系是全部社会关系的核心和基础,在生产关系之上才会形成相应的家庭关系、政治关系、民族关系、思想关系等。

(二) 生产关系的内容及生产与消费的关系

关于生产关系的层次或内容,学术界历来有"三分法"与"四环说"之争。斯大林在其《苏联社会主义经济问题》中规定了生产关系包括三个方面:"(一) 生产资料的所有制形式;(二) 由此产生的各种不同社会集团在生产中的地位以及他们的相互作用,或如马克思所说,'互相交换其活动';(三) 完全以它们为转移的产品分配形式。"[①] 斯大林的"三分法"在我国有着深远的影响,但也遭到了不少学者的批评,批评其只注重所有制、只注重直接生产过程、忽视交换和消费等。"四环说"指马克思在其《〈政治经济学批判〉导言》中所提出的生产、分配、交换、消费四个环节以及这些环节之间的作用关系,后来恩格斯在《反杜林论》中谈及广义政治经济学时也发展了这一说法。如果说"三分法"是从静态上来描述生产关系的内容和层次,那么"四环说"就是从动态上来描述生产关系的内容和层次的,实际上,两种说法都是对生产关系内容和层次的解说,可以互为补充,马克思的生产关系这一范畴的外延也是不断扩大的,我们应将"三分法"和"四环说"的横向分析与纵向分析相结合,以便更全面地理解生产关系这一范畴。

生产决定消费,是马克思主义经济学最基本的原理。马克思明确指出:"生产决定着消费:(1) 是由于生产为消费创造材料;(2) 是由于生产决定消费的方式;(3) 是由于生产靠它起初当作对象生产出来的产品在消费者身上引起需

---

① 斯大林. 苏联社会主义经济问题 [M]. 北京:人民出版社,1961:58.

要。因此，生产决定消费的对象和消费的动力。"①

马克思结合社会化大生产中的生产、分配和交换三个环节对消费进行了分析。他指出："它们构成一个总体的各个环节，一个统一体内部的差别……一定的生产决定一定的消费、分配、交换和这些不同要素相互间的一定关系。当然，生产就其片面形式来说也决定于其他要素。"② 个人总是有其目的，由此也就引出了需要。这样，需要也就成为人们进行生产的动力。人的需要通过消费来满足，无论对物质需要还是对精神需要来说都是如此。从这个意义上，也可以这样说，即消费作为整个生产过程的终点，是生产的动力和目的。

消费使生产最终实现，消费是生产的目的和动力。"没有生产，就没有消费，但是，没有了消费，也就没有生产，因为如果这样，生产就没有目的。"③ "消费在观念上提出生产的对象，把它作为内心的图像、作为需要、作为动力和目的提出来。……没有需要，就没有生产。而消费则把需要再生产出来"④，即消费"创造出生产的观念上的内在动机，……创造出生产的动力"。⑤ "消费完成生产行为，只是由于消费使产品最后完成其为产品，只是由于消费把它消灭，把它的独立的物质形式消耗掉；只是由于消费使得在最初生产行为中发展起来的素质通过反复的需要上升为熟练技艺；所以，消费不仅是使产品成为产品的终结行为，而且也是使生产者成为生产者的终结行为。"⑥

（三）生产关系的两重性

生产关系中的与具体劳动直接相关，不属于生产力的范畴，而属于生产力层次的生产组织形式和产品交换形式，就是生产关系的自然属性或技术属性，有的

---

① 中共中央马克思恩格斯列宁斯大林著作编译局．马克思恩格斯选集（第2卷）[M]．北京：人民出版社，1995：94-95．

② 中共中央马克思恩格斯列宁斯大林著作编译局．马克思恩格斯选集（第2卷）[M]．北京：人民出版社，1995：17．

③ 中共中央马克思恩格斯列宁斯大林著作编译局．马克思恩格斯选集（第2卷）[M]．北京：人民出版社，1995：94．

④⑤ 中共中央马克思恩格斯列宁斯大林著作编译局．马克思恩格斯选集（第2卷）[M]．北京：人民出版社，1995：9．

⑥ 中共中央马克思恩格斯列宁斯大林著作编译局．马克思恩格斯选集（第2卷）[M]．北京：人民出版社，1995：11．

学者称之为生产关系的一般性，表现为具体劳动过程中的分工与管理、资源配置方式或经济体制与机制。学者们研究较多的是生产关系的另一个属性——社会属性，表现为不同的经济制度，所有制关系是其基础。由于政治经济学是一门社会科学，不是自然科学，研究的是人，不是物，因此长期以来，人们只注重研究生产关系的社会性，而忽视其一般性，即使注重对生产关系两重性的研究，也只是更多地强调社会性的作用，忽视生产关系一般性作用或经济体制与机制的作用。从这个意义上来说，生产力与生产关系的矛盾运动也可以体现为生产关系内部的矛盾运动，即生产关系一般性与特殊性的矛盾运动。经济体制直接表现在生产力的方方面面，反映了生产社会化的程度和生产力的发展水平，但是经济体制不能独立存在，它总是在一定经济制度下的经济体制，一定社会的所有制关系规定了经济体制的社会性质。生产关系的一般性与特殊性是对立统一的关系，如果从经济制度规定了经济体制的社会性来看，则经济制度决定了经济体制；如果从经济体制更接近于生产力的层次上来看，则经济体制也具有更深层次的意义。原始社会末期就有了物物交换，私有制是商品交换及生产力发展的必然要求，随着商品经济和市场经济的不断发展，产生了不同的私有制形式，因此，经济体制与经济制度两者相互依存、相互影响。经济体制与经济制度相互协调发展才能促进生产力的发展，而两者如何结合则取决于生产力的发展状况和该社会的主体力量结构对比情况。长期以来，人们常常注意到经济制度对经济体制的促进或阻碍作用，由此断然认为经济制度就是生产关系的全部，而忽视表现为生产力的生产关系的一般性，从我国建立社会主义经济制度的历史过程中就可以深刻地体会这一点，要找到生产关系一般性与社会性的合理结合点，方能促进生产力的发展，否则只能对社会生产力造成极大的破坏。

（四）生产资料所有制决定经济制度的性质

马克思历来强调所有制对社会经济制度性质的决定意义，强调生产资料所有制是整个社会生产关系和经济关系的基础。"不论生产的社会形式如何，劳动者和生产资料始终是生产因素。但是，二者在彼此分离的情况下只在可能性上是生产因素。凡是进行生产，就必须使它们结合起来。实行这种结合的特殊方式和方法，使社会结构区分为各个不同的经济时期。"① "一说到生产资料，就等于说到社会，而且就是说到由这些生产资料所决定的社会。"② 在按照生产资料所有制所划分的不同社会形态下，存在不同的劳动所有权归属，产生了不同的劳动力与生产资料结合方式，形成了不同的产品分配方式。在原始社会，生产资料与劳动力归部落共有，劳动产品共同分配；在奴隶社会，生产资料归奴隶主所有，奴隶的全部劳动力连同奴隶本身归奴隶主所有，产品几乎全部归奴隶主所有；在封建社会，主要生产资料——土地归地主所有，农民部分占有自己的劳动力，而另一部分被地主占有，地主剥削农民的劳动成果；在资本主义社会，主要的生产资料（资本、土地）归资本家所有，劳动者以商品形式占有自己的劳动力，当然只是可能性上的占有，资本家共同剥削工人。可见，在劳动力与生产资料不归同一所有者所有时，这种生产资料所有权的决定性作用更为明显。

三、生产力与生产关系的辩证统一

马克思科学的分析方法在于其唯物主义的分析方法，人不能自由地选择生产力，也不能自由地选择生产关系，充分说明了两者的物质性。社会生产首先是物质生产，生产力首先表现为其物质属性，"我们首先应当确定一切人类生存的第一个前提，也就是一切历史的第一个前提，这个前提就是：人们为了能够'创造历史'，必须能够生活，但是为了生活，首先就需要吃喝住穿以及其他一些东西，因此第一个历史活动就是生产满足这些需要的资料，即生产物质本身"。③ "人们不能自由选择自己的生产力——这是他们全部历史的基础，因为任何生产力都是一种既得的力量，是以往活动的产物。可见，生产力是人们应用能力的结果，但是这种能力本身决定于人们所处的条件，决定于先前已经获得的生产力，决定于

---

① 马克思. 资本论（第2卷）[M]. 北京：人民出版社，1975：44.
② 中共中央马克思恩格斯列宁斯大林著作编译局. 马克思恩格斯全集（第36卷）[M]. 北京：人民出版社，1975：170.
③ 中共中央马克思恩格斯列宁斯大林著作编译局. 马克思恩格斯选集（第1卷）[M]. 北京：人民出版社，1995：78–79.

在他们以前已经存在、不是由他们创立而是由前一代人创立的社会形式。"① 即生产力是以往活动的结果，是一种既得的力量，人们必须在现有生产力的基础上从事生产，满足自身的需求，当然可以在现有生产力基础上提高生产力，通过生产力本身要素改进或通过能够促进生产力发展的其他要素改进来提高生产力，不断地增强人们认识、利用、改造自然的能力，不断地满足人们更高的需求。但是这种改造自然也不是随心而欲，首先必须依赖自然，在适应自然的基础上去支配自然。事实上，虽然人们认为其改造自然的能力很强大，但当出现更强大的自然力量给予人们严重打击时，人们就会认识到，支配自然是多么愚蠢的一件事、一句话，还是要在适应的基础上去支配，否则自然会给人们不可预计的报复。下面这段话早就给我们做了提醒，只是人们还常常明知故犯："但是我们不要过分陶醉于我们人类对自然界的胜利，对于每一次我们的胜利，自然界都对我们进行报复，……美索不达米亚、希腊、小亚细亚以及其他各地的居民，为了得到耕地，毁灭了森林，但是他们做梦也想不到，这些地方今天竟因此而成为不毛之地。"② 换言之，人们发展生产力必须依赖自然，不能技术稍有进步便去破坏性地支配自然，但事实上，在没有达到一定高度的生产力时，这种行为远远不能称之为支配。因此现在很多学者在研究生态马克思主义，不管从哪个角度，都让我们认识到了生产力的物质性。

社会生产是生产力和生产关系的统一，社会生产的过程是劳动过程和价值形成、价值增殖过程的统一，因此不能脱离社会经济关系，要看到生产力的物质性，更应该看到一定经济关系下的生产力，"生产力潜伏在社会劳动里面"③，我们提到生产力是合力也正是缘于此。作为生产力要素的人，不是简单作为自然的人，而是处于一定经济关系中的社会的人，生产力不是单个人生产力的简单加总，而是在一定的生产关系中有机结合而形成的合力。社会越发展，生产越社会化，人们在生产中的联系越为广泛和重要，在这种有机结合中形成的生产力才是

---

① 中共中央马克思恩格斯列宁斯大林著作编译局. 马克思恩格斯选集（第4卷）[M]. 北京：人民出版社 1995：532.
② 中共中央马克思恩格斯列宁斯大林著作编译局. 马克思恩格斯选集（第4卷）[M]. 北京：人民出版社，1995：383.
③ 中共中央马克思恩格斯列宁斯大林著作编译局. 马克思恩格斯选集（第4卷）[M]. 北京：人民出版社，1995：471.

有现实意义的生产力。作为生产力中最重要因素的人指的是"现实的个人",是"以一定的方式进行生产活动的一定的个人",生产力的社会性是由人的社会性而决定。"人们在生产中不仅仅影响自然界,而且也相互影响。他们只有以一定的方式共同活动和互相交换活动,才能进行生产。为了进行生产,人们相互之间便发生一定的联系和关系;只有在这些社会联系和社会关系的范围内,才会有他们对自然界的影响,才会有生产"①。

生产力与生产关系的关系集中体现在生产力与生产关系的两重性中,生产力反映人与自然的关系,但人始终是社会人,是一定生产关系中的人,生产力总是一定生产关系下的生产力;生产关系反映人与人的关系,但总是一定生产力基础上的生产关系,离开了生产力也无所谓生产关系,更无所谓如何评价生产关系。生产力的社会性与生产关系直接相关,生产关系的一般性与生产力直接相关,生产力的社会性是生产关系的层次,但不是生产关系的范畴;生产关系的一般性是生产力的层次,但不是生产力的范畴。

生产力与生产关系的矛盾运动推动着社会变革,在这一矛盾运动中,生产力的决定性作用是根本的、第一位的。生产力的发展状况决定了一个社会的生产组织方式或资源配置方式,正如马克思所设想,社会主义社会的计划调节必须要求有强大的生产力基础,有计划调节的社会主义是建立在经过强大的资本主义生产力积累基础之上。生产力的发展也同样决定一个社会的生产资料所有制形式,决定一个社会的经济制度。现实的生产力状况决定一个社会的核心资源是什么,哪些人会占有这些核心资源,劳动者与生产资料如何结合,由此会产生什么样的产品分配方式,进而决定人与人之间的经济关系。不同生产力下的核心资源有所不同,从农业社会到工业社会,核心资源由土地不断增加到资本、知识等,代表先进生产力的阶级也不断发生变化,引起社会主体力量结构的变化,生成相应的资源所有权,形成不同的人与人在生产中的权力、地位关系及分配方式。② 生产力的发展引起生产关系的变革,这种变革可能采取革命的方式,也可能采取改良的方式,生产关系的变革可能是根本性的,也可能是微小的,总之,生产关系由生

---

① 中共中央马克思恩格斯列宁斯大林著作编译局. 马克思恩格斯选集(第1卷)[M]. 北京:人民出版社,1995:344.
② 鲁品越. 生产关系理论的当代重构[J]. 中国社会科学,2001(1):14-23.

产力决定，生产关系一定要适应生产力的发展。

生产关系反过来可以对生产力起到促进或阻碍作用。生产关系的一般性与生产力直接相关，其决定着资源配置的效率、生产过程中组织管理的效率、人的生产积极性等，适应生产力发展要求的经济体制及机制对生产力发展会产生巨大促进作用，这一点从我国社会主义市场经济变革的历史进程中已经得到了足够的证明。经济制度与生产力的社会性相关，其决定着社会生产的目的，决定着人们在生产中的权力和地位关系，影响着人们的生产积极性，生产关系的社会性可以促进或破坏生产力的发展，这从人类历史上的历次经济制度变革中都已经得到证明。

四、经济基础与上层建筑

生产力发展是社会发展的根本动力，生产力与生产关系的矛盾是社会发展的基本矛盾，经济基础与上层建筑的矛盾由这一基本矛盾决定，也是由基本矛盾派生出来的，是生产力与生产关系矛盾运动的结果，这一矛盾也是社会发展的一个重要推动力，生产力与生产关系这个基本矛盾也要通过经济基础与上层建筑这个矛盾来发挥作用。

经济基础是一定社会中占统治地位的生产关系的总和。首先，这个生产关系是不脱离生产力的生产关系，从上述关于生产力与生产关系联系的论述来看，生产力总是一定生产关系中的生产力，而生产关系总是一定生产力基础上的生产关系，现实生产力构成现实生产关系的基础，生产力与生产关系总是紧密相联、不可分割的。因此，作为经济基础的生产关系绝不是脱离开生产力的生产关系，现实生产力及现实的利益关系都是一个社会的经济基础。其次，作为经济基础的生产关系是现实生产关系的总和，而既然是生产关系的总和，必然包括占主体地位的生产关系，也包括占次要地位的生产关系。当然，所谓主要与次要总是在一定社会下相对而言的，并不是绝对的，主要的生产关系可以随着生产力的发展逐渐变为次要的生产关系，而新兴势力所代表的生产关系虽然可能是次要的生产关系，但也必然会发展成为主要的生产关系。

生产力的发展引起生产关系的变革，这些现实经济基础的变化都是在社会实践中现实发生的,并且人们在社会实践中都会深刻体会到这些变化,这些变化综合在一起就是经济基础的变化,经济基础为社会生产和生活提供物质保障。而经济基础一旦变化,人们的政治生活和精神生活都会发生变化,因为经济基础是人们的政治、精神活动的基础,而经济基础的发展也需要作为上层建筑的政治上层建筑和思想上层建筑保驾护航。

所谓上层建筑就是建立在一定经济基础之上的社会意识形态以及相应的政治法律制度、组织和设施的总和,政治法律制度反映了人们之间的政治关系,主要指国家机器和政治结构,包括法律、政权、军队、法庭、监狱、政党、政治团体等,而社会意识形态反映了人们之间的思想关系,包括在政治、法律、艺术、宗教、社会科学、道德、教育中的观点。作为上层建筑的两个部分的政治上层建筑和思想上层建筑,都是由经济基础决定的,并都会对经济基础产生重要的反作用。两者有着一致性,并且,在不同的阶段上,两者互相决定,在新的生产关系处于次要地位时,思想上层建筑决定着政治上层建筑,在新的生产关系占据主要地位时,为了促进和发展新的生产关系和新的生产力,政治上层建筑就在上层建筑中处于决定地位,而在上层建筑的反作用过程中,则正好相反。即在生产力决定生产关系再决定上层建筑时,是经济基础→思想上层建筑→政治上层建筑;而在上层建筑反作用生产关系和生产力时,则是政治上层建筑→思想上层建筑→经济基础。一般来讲,思想上层建筑的变化是相对灵活和经常性的;而政治上层建筑一旦确定,其就具备了相对的稳定性。

从根本上说经济基础决定上层建筑,有什么样的经济基础就有什么样的上层建筑,经济基础的性质决定了上层建筑的性质,经济基础的变革导致了上层建筑的重构,这可以从社会发展的进程中得到解释:当生产力得到一定发展,旧的生产关系不适应新的生产力的发展,新的生产力要求建立新的生产关系,在新旧社会形态交替的过程中,新兴势力通过斗争会建立新的生产关系,代表着新的生产力的发展要求,体现着社会的进步,而新兴势力夺取政权后,就会进行相关的改革,即变革上层建筑,巩固新的生产关系,促进新的生产力发展,这种生产关系就会成为占主体地位的生产关系,而变革后的上层建筑正是为这种生产关系服务。

经济基础决定上层建筑,上层建筑适应于经济基础,并反作用于经济基础。

但在生产力发展的不同阶段,这种适应与反作用又呈现不同的特点。生产力发展水平越高,社会化越发展,人的主观能动性越强,上层建筑对经济基础的作用就越大,人们也更可以运用已经掌握的知识和规律科学地改造社会,能够发现上层建筑中不合理的部分,并进行变革,使之更能促进生产关系向前发展。经济与社会的发展,使得人们的需求不再局限于物质需要,人的需要表现为更多层次和多方面的需要,人们对自身的全面发展的需求也会越来越大。这样,人们就会思考究竟什么样的上层建筑才能满足人们多方面的需求,从而使得上层建筑对经济基础的作用越来越大,对生产关系的改进与变革、对生产力的促进作用就会越来越明显,上层建筑不仅协调着人们之间的物质利益,更有着协调社会利益的任务。

第二节 土地所有权及其结构关系[①]

一、经济关系与法权关系

"社会不是以法律为基础的。那是法学家们的幻想。相反地,法律应该以社会为基础。法律应该是社会共同的、由一定的物质生产方式所产生的利益和需要的表现,而不是单个的个人恣意横行。……它们不可避免地要随着生活条件的变化而变化。"[②] 马克思指出了经济关系决定法权关系,有什么样的生产关系,就会有什么样的法律与之相适应,法律是统治阶级的意志反映,目的是保护和扩大统治阶级的利益,具有阶级性与社会性。当然,法律或法权关系除了生产关系这一决定要素外,还受很多因素影响,从而形成形形色色的外在表现形式,其"可以由于无数不同的经验事实、自然条件、种族关系,各种从外部发生作用的历史

[①] 兰玲,李清,王金娟. 农村土地产权交易市场现状与对策——基于吉林省的研究 [M]. 北京:经济管理出版社,2018:3-21.
[②] 中共中央马克思恩格斯列宁斯大林著作编译局. 马克思恩格斯全集(第6卷)[M]. 北京:人民出版社,1961:291-292.

影响等等，而在现象上显示出无穷无尽的变异和程度差别，这些变异和程度差别只有通过对这些经验所提出的事实进行分析才可以理解"①。马克思通过对继承法的研究揭示了经济基础与上层建筑的关系，"同所有一般的民法一样，继承法并不是一种原因，而是一种结果，是从现存社会经济组织中得出的法律结论，这种经济组织是以生产资料即土地、原料、机器等的私有制为基础。这正如继承奴隶的权利并不是奴隶制的原因，恰恰相反，奴隶制度才是继承奴隶的原因"。②马克思在这里揭示了经济基础决定上层建筑的基本原理，指出阶级斗争从根本上来说是与所有制斗争，所以生产资料私有制的消除必然会带来继承权的消亡，而不是相反。

所有制决定所有权，所有制先于所有权，所有制属于经济范畴，是所有权的经济基础，所有权属于法律范畴，是所有制的法律表现，所有权反作用于所有制。在经济社会中，实际占有具有决定意义，而这种实际占有只要形成于法律，受法律保护，取得了合法地位，就产生了所有权，法律可以固定和规范统治阶级的利益，帮助统治阶级维持社会秩序，使符合统治阶级利益的规则神圣化。在原始社会只有氏族和公社对生产资料的占有，并无所有权，所有权是在出现了私有制，并且出现了保护私有制的法权关系后才出现的，所以，所有权只存在于一定的历史阶段之中。而一旦所有权以法律的形式固定和规范下来，将大大作用于所有制，它维持着社会秩序和符合统治阶级利益的经济关系，为统治阶级服务。因此，所有权关系是一种以人对物的关系为表象的人与人的关系，其直接反映了一个社会的生产关系。

权利与义务是相统一的，没有无权利的义务，也没有无义务的权利，在阶级社会中权利与义务的统一表现在权利与义务的非一致性。以资本主义社会为例，权利和义务的一致性在资本主义社会里只表现在法律形式上，而实际上在资本主义社会里，资本具有绝对的特权，人的权利多少取决于你有多少资本，而拥有资本多的人，所承担的义务就相对少，拥有少量资本或无资本的人的义务就相对

---

① 中共中央马克思恩格斯列宁斯大林著作编译局. 马克思恩格斯全集（第25卷）[M]. 北京：人民出版社，1974：892.

② 中共中央马克思恩格斯列宁斯大林著作编译局. 马克思恩格斯全集（第16卷）[M]. 北京：人民出版社，1964：414.

多。所有权利在一定历史阶段具有社会性和阶级性，人权也不是抽象的，天赋人权只是维护统治阶级利益的一种说法。

二、所有权内部结构

马克思在继承前人研究的基础上指出所有权是一组权利，揭示了所有权内部结构之间的相互关系。广义的所有权包括狭义的所有权、占有权、支配权和使用权，所有权内部的各个权利之间可以统一也可以分离。狭义的所有权是一种具有排他性的终极所有权；而占有权是不能脱离所有而独立存在的，或者被所有者占有，或者所有者将占有权转与他人；使用权是在占有的基础上产生的，通常指用什么方式对所占有的物加以改造和使用；支配权是主体对客体的一种具体的管理、处置。因此，通常将占有、使用和支配权称作经营管理权，而与狭义的所有权相区别。同时，也可以看出，在具体的生产活动中，所有权结构中的占有权具有决定意义，若从所有权的起源与发展来看，占有先于所有，因此马克思才指出占有是所有权的钥匙。对于所有权客体带来的收益如何分配的问题，即人们常说的收益权归属，取决于所有权内部诸权利之间的相互关系。

所有权内部结构关系归根结底取决于生产力的发展状况，不同的生产方式下，所有权与经营权的分离与统一呈现不同的表现方式。在小生产方式下，如小土地所有制下，所有权的几个权利是统一的，所有权主体是生产资料的所有者、占有者、使用者和支配者，通过自己的劳动实现对所拥有的生产资料的占有、支配和使用，并对其劳动产品具有完全的经济所有权。由于所有权关系的统一，因此也没有地租或租金，所有权主体与社会的联系以分散的形式存在。在存在私有制的社会中，都会存在所有权与经营权的分离，表现为所有者和经营者的对立，有的分离表现得比较彻底，有的分离表现得比较含糊。最为典型的是资本主义社会，租地农场主向土地所有者交纳作为剩余价值一部分的地租，资本经营者向资本所有者支付作为剩余价值一部分的利息。而在封建社会，这种所有权内部结构之间的关系十分复杂，租种地主土地的农民向地主支付地租，这是一种权利的分离，但是农民对地主又有人身依附关系，其本身也被地主不完全地占有，因此又存在权利的统一。在奴隶社会，奴隶主除了占有生产资料外还完全占有奴隶，这样，所有权与占有权相统一，而具体的使用权又与之相分离。在公有制的社会形态下，同样存在所有权与经营权的分离，只是这种分离是在同一所有权主体内部产生，经营者是所有者中的一部分，经营者与所有者不是对立的关系，而是有着共同的利益。

三、土地权利分离与地租

马克思在分析作为剩余价值一部分的资本主义地租过程中，从历史的角度分析了土地所有权关系，认为任何地租都是土地所有权在经济上的实现形式，任何地租都是剩余劳动的产物。虽然其主要研究的是资本主义地租，但马克思指出地租并不是起始于资本主义社会，他分析了封建地租与资本主义地租的不同之处，阐述了封建地租的经济实质，并且论述了劳役地租、实物地租、货币地租这三种地租形式及发展过程，真正用历史的观点分析了地租。只要存在土地所有权，就会产生地租，而所有权发展至今已不单单是私有权的范畴，这个所有权与无所有权相对立，原始社会和未来的共产主义社会，是没有所有权的公有制，封建社会和资本主义社会是有所有权的私有制，社会主义社会是有所有权的公有制。

在资本主义社会当然有土地所有者与农业资本家是同一主体的现象，在这种情况下，土地所有权与经营权相统一，当然这不是资本主义社会占主导地位的土地两权关系。马克思所分析的资本主义地租和资本主义所有权关系是围绕土地所有权与经营权分离所展开。土地所有者把土地出租给农业资本家使用，农业资本家付给土地所有者地租，这才是资本主义社会典型的生产方式，土地的所有权与使用权的分离是资本主义地租产生的直接原因。马克思把地租分为绝对地租和级差地租，马克思把绝对地租称为与各类土地的肥沃程度所引起的不同劳动生产率完全无关的地租，"绝对地租是原产品价值超过平均价值的余额"[①]。绝对地租的产生来源于土地所有权，最差土地也产生地租，在农业资本有机构成低于社会平均资本有机构成时，农产品价值高于生产价格，这个余额由于土地所有权的垄断不会被平均掉，从而转化为绝对地租；若农业资本有机构成等于或高于社会平均

[①] 马克思. 剩余价值理论（第二册）[M]. 北京：人民出版社，1975：15.

资本有机构成，绝对地租就来源于垄断价格，即市场价格高于价值与生产价格的余额。"如果最坏土地 A——虽然它的耕种会提供生产价格——不提供一个超过生产价格的余额，即地租，就不可能被人耕种，那么，土地所有权就是引起这个价格上涨的原因。土地所有权本身已经产生地租"①，因此，绝对地租归土地所有者所有。

级差地租是地租的另一种形态，分为级差地租Ⅰ和级差地租Ⅱ，级差地租Ⅰ是由于土地的差别（包括土地丰度、地理位置等），使投在同样面积的两块土地上的资本由于劳动生产率不同产生不同数量的产品，而级差地租Ⅱ是连续在同一块地上追加投资，由于劳动生产率不同产生不同数量的产品。虽然级差地租Ⅰ和级差地租Ⅱ有不同的表现，但两者在实质上相一致，都是由市场价值与个别价值的差额所形成的超额利润，级差地租Ⅱ只是级差地租Ⅰ的一种表现。从历史上看，级差地租Ⅰ先于级差地租Ⅱ出现，在资本主义农业中，相当数量的土地根本不耕种，这样就促使了从事农业生产的土地面积的增加，促进了资本主义农业的粗放经营，级差地租主要采取Ⅰ的形式，生产力的发展和资本的不断积累，土地大部分被开发，资本就主要进行集约经营，级差地租主要采取Ⅱ的形式；从各个时期来讲，资本也总是从级差地租Ⅰ出发，追加投资到级差地租Ⅱ；土地所有者在订租约时，也是从级差地租Ⅰ出发，逐步追加到级差地租Ⅱ，并且级差地租Ⅱ是以级差地租Ⅰ中最坏土地的产品的个别价值为基础且相比较而来的。因此马克思说："级差地租Ⅰ是作为出发点的历史基础……级差地租Ⅱ的运动，在任何一定的瞬间，都只是出现在这样一个领域内，这个领域本身又是级差地租Ⅰ的形形色色的基础。"② 级差地租的两种形式可能会交织在一起，级差地租Ⅱ也会反作用于级差地租Ⅰ，如果只考察级差地租Ⅰ，劣等地不提供地租，但是如果对谷物需求大幅度增加，级差地租的两种形态就会交互出现，即当追加资本所产生的劳动生产率比劣等土地上的劳动生产率还要低时，原来不产生级差地租的劣等地也会提供级差地租，如果在优等地追加投资后，使最劣等地的耕种成为多余，那么农产品市场价值就会变动，即作为级差地租计算的基础就会发生变化，当然级差

---

① 马克思. 资本论（第3卷）[M]. 北京：人民出版社，1975：851.
② 马克思. 资本论（第3卷）[M]. 北京：人民出版社，1975：762.

地租Ⅰ也会产生变化。两种形式的级差地租应根据土地的所有权关系来确定其归属，通常来讲，级差地租Ⅰ归土地所有者所有，级差地租Ⅱ归土地经营者所有，为了获得更多的超额利润，农业资本家必须不断改进农业生产技术和改善经营管理，因此，资本主义社会这种土地所有权与经营权的分离，促进了农业生产力的提高。

但是，不管地租的形式如何复杂，其实质都是农业工人创造的剩余价值，农业工人受资本主义土地所有者与农业资本家共同剥削，反映了资产阶级与工人阶级的对立。马克思是站在无产阶级的立场上分析问题，对土地私有权持批判态度，在资本私有制和土地私有制的对立联系中考察资本主义地租和土地所有权关系，指出利润和地租都是剩余价值的分割，虽然资本尚且参与生产过程，但土地所有者则游离在生产过程之外。

总之，资本主义的所有权结构关系决定了剩余价值的索取权，劳动力所有权关系从属于资本所有权关系，土地所有权和货币所有权使得土地所有者和借贷资本家以地租和利息的形式索取剩余价值，而土地和货币的经营权和使用权使得职能资本家以企业经营收入的形式索取剩余价值，而劳动力的使用权给整个资产阶级创造了剩余价值，劳动力所有者只能获得相当于劳动力价格的工资，这就是资本主义社会的生产方式。

四、从两权分离到三权分置

从法学的视角来看，所有权的内部权能涉及占有权、使用权、收益权和处分权四个权能。

占有权是指特定的所有人对于标的物为管领的事实，换言之占有为所有权的事实的权能。[①] 占有权在一定的历史时期曾经被认为是一定的事实状态，也是所有权能得以存在的前提条件。但是随着时代的发展，所有权人和所有物分离的情形越来越多，所以强调所有权中的占有权能就显得尤为重要，这也是所有权受到侵害时所有权人得以主张权力的一个非常重要的权能。

---

① 陈华彬. 物权法原理 [M]. 北京：国家行政学院出版社，1998：213-214.

使用权是指依所有物的性能或用途,在不毁损所有物本体或变更其性质的情形下对物加以利用,从而满足生产生活需要的权能。① 使用权在现实中也常常与所有权相分离,同时它也是所有权人实现物的价值的重要手段之一。在使用权的理解上一定要注意对物的使用是依照物的自然属性去进行,不能对物进行损毁,否则就会破坏物,就会使得该权利与处分权相混同。

收益权是指收取由原物产生出来的新增经济价值的权能,② 或者也可以说是收取所有物的天然孳息和法定孳息,③ 后一种说法更具体明确些。享有由所有权本身带来的这些利益是所有权的当然之意,这也是除了使用权之外的实现所有权的价值的又一个重要手段。

处分权是指依法对物进行处置,从而决定物的命运的权能。④ 处分权是所有权的核心权能,也是所有权的最基本权能。因为这项权能标志着所有权人对所有物的真正的支配权。具体而言又包括事实上的处分和法律上的处分。事实上的处分指所有权人按照自己的意愿进行物理上的处置,如将物丢弃、损毁等;法律上的处分则是依照法律的规定改变物的权利状态,对物加以转移、限制和消灭等,如设置抵押权和质权等。⑤

土地两权分离产生地租,这里的两权指的是所有权和经营权,而经营权又是如何概括的呢?有学者将经营权等同于使用权,认为在家庭承包制度框架下,农村土地产权结构可分解为所有权、承包权、经营权(使用权)。⑥

有学者将土地承包经营权定义为公民、集体对集体所有土地或者国家所有由全民所有制单位或集体所有制单位使用的国有土地的承包经营权。也有学者认为土地承包经营权是指自然人、集体对于集体所有的土地或国家所有由集体使用的土地依据承包合同而享有的占有、使用、收益的权利。经济学界有学者认为土地承包经营权是指承包方依照承包合同取得,对农民集体所有和国家所有依法由农

---

① 陈华彬. 物权法原理 [M]. 北京:国家行政学院出版社,1998:214.
② 陈华彬. 物权法原理 [M]. 北京:国家行政学院出版社,1998:215.
③④ 梁慧星,陈华彬. 物权法 [M]. 北京:法律出版社,1997:115.
⑤ 这一点存在争议,也有观点认为处分权仅仅包括事实上的处分,但是笔者认为这种观点不够全面。法律上的处分应当是处分权的一个重要部分。
⑥ 王权典,陈维君. 农村土地承包经营权流转形式之立法检讨 [J]. 甘肃政法学院学报,2010 (1):108 – 115.

民集体使用的农村土地进行占有和以耕作、养殖、畜牧为生产方式从事种植业、林业、畜牧业、渔业等农业目的生产经营而使用并获得收益的权利。此外，还有观点将土地承包经营权界定为"农业承包经营者根据承包合同依法取得的，对集体所有或国家所有由集体经济组织长期使用的耕地、林地、草地、滩涂、水面等自然资源所享有的占有、使用和收益的权利"。①

从这些观点中我们可以看到，关于经营权并没有较为公认的权威定义，但是从所有权的四项权能的角度来看，大家普遍认为经营权涉及占有、使用和收益的权能，而对经营权是否涵盖了处分权则没有提及。而笔者认为，经营者们②对于该物具有一定的法律意义上的处分权（如抵押权等），这种处分权尽管等级较低，但仍然客观存在。

依照《中华人民共和国农村土地承包法》第十七条的规定，承包方享有下列权利：

（一）依法享有承包地使用、收益的权利，有权自主组织生产经营和处置产品；

（二）依法互换、转让土地承包经营权；

（三）依法流转土地经营权；

（四）承包地被依法征收、征用、占用的，有权依法获得相应的补偿；

（五）法律、行政法规规定的其他权利。

这里尽管没有直接体现处分的权能，但是根据多数学者的观点，承包经营权本身是可以设权的，是可以进行抵押等活动的。而且在《中华人民共和国土地承包法》中明确了承包方可以自主决定依法采取出租（转包）、入股或者其他方式向他人流转经营权的法律规定，对土地流转进行了原则约束，为土地流转实践奠定了法律基础。因此，笔者认为在事实上承包经营者享有部分处分权。

从所有权所具有的四项权能上分析。经营者自然享有占有权，这是进行经营活动的前提之一；使用权也应当具有，否则就无法进行实际的经营活动，但是使用权也要在顺应物的自然属性的前提下来行使；收益权也应当具有，否则就没有

---

① 程宗璋. 关于农村土地承包经营权继承的若干问题[J]. 中国农村经济, 2002（7）: 56-63.
② 这里的经营不包括物主自己进行经营的情况。

了进行经营活动的动力，但是很显然，这里的收益并不完全，也就是说经营权人不可能占有所有的收益，而要根据约定，将其中相当重要的一个部分分给所有权人，这也是所有权人肯将这些权能部分让渡给经营权人的前提条件；另外，经营权中的处分权是部分意义上的，是不完全的，从范围上，仅仅限于法律意义上的设权，所以是有限而片面的①，而从层次上，是较为初级的，是一种较为简单的处分权。

可见，经营权实际的范围是涵盖了所有权中的占有、使用、收益及处分等各项权能，只不过在所有权的最终限制下，其中的部分权能不完备，这就使得所有权人仍然对所有物有着重要的控制力，这也是保障所有权人利益的根源所在。其中起到最重大作用的是处分权。正是因为所有权人享有终极意义上的处分权，才使得所有权和经营权能够有效地进行对抗。

我国农村土地实行家庭联产承包责任制，即农村土地归集体所有，由农户承包，并实行集体和农户的双层经营体制。那么就实现了农村土地所有权和经营权的分离（这里不包括由集体统一经营的形式），这里的经营权是指承包经营权，这就是农村土地的"两权"分离。

农村土地流转，是指农民承包的土地可以通过转包、抵押等各种方式将经营权流转出去，可以流转给农户、农业企业、合作社和集体等，通过让渡土地经营权，农户获得相应收益。2016年，中共中央办公厅、国务院办公厅印发了《关于完善农村土地所有权承包权经营权分置办法的意见》，"三权分置"使原来土地"所有权—承包经营权"的"两权"分离，进一步演变为土地"所有权—承包权—经营权"的"三权"分离。当然不管是哪种分离，都是土地所有权内部结构关系的一种形式，只是表现出来的地租形式更为复杂一些。

农村土地所有权内部结构权利关系演变规律有：①生产力是我国农村土地权利关系演变的决定因素，是由生产力发展的客观要求决定的。不仅从总体上来看，生产力的发展决定了我国农村土地权利关系的演变，并且主导生产力与其他

---

① 前述各种观点中，都认为经营权不包括处分权，笔者认为，这主要是由于这些学者没有考虑到所有权中的处分权，既包括事实上的处分，也包括法律上的处分。而是从很狭义的角度认为只包含事实上的处分，这样当然就是不周全的了。同时，笔者也承认，即使认为经营者有处分权，该权利的能力也是极为有限的，既不能与所有权人的处分权相对抗，也不能超越经营需要的范围。

生产力的关系、个体生产力与总体生产力的关系，他们都决定着我国农村土地权利关系的演变。②生产关系是我国农村土地权利关系演变的制约因素，生产关系内部诸要素的相互作用推动着我国农村土地权利关系的演变，生产资料所有制其制度性前提——经济体制对于我国农村土地权利关系演变也产生着非常重要的影响作用。③上层建筑是我国农村土地权利关系演变的重要影响因素，在我国农村土地所有权内部结构权利关系演变的过程中，政治上层建筑和思想上层建筑都对其产生重要的影响作用。

第二章
我国农业产业结构的历史与现状

第一节 我国农业产业结构阶段性分析

中华人民共和国成立70年以来,由于农业生产条件和市场需求的变化以及政策的变革,使得我国农业产业结构长期进行调整。国内大多数学者以生产关系、生产力、经济运行方式为切入点分析了我国农业发展阶段出现的问题。[1] 但是仅仅使用以上视角难以深入解析农业供给侧的深层矛盾。因此,本节从农产品供求的视角,分析中华人民共和国成立以来不同时期农业发展的特征,揭示农业供给侧形成的背景。

一、改革开放前我国农业产业结构的调整

改革开放前,我国农业主要实行"以粮为纲"的方针。这一时期的农业结构主要是以种植业为主,其中粮食在种植业中占比较高。[2] 具体的表现为:①从农林

---

[1] 靳叔平. 我国现代农业发展的严谨分析[J]. 中国农业资源与区划, 2014 (5): 95-100.
[2] 冯明亮. 我国农业结构调整的经验与启示[N]. 中国经济时报, 2016-07-25 (4).

牧渔业产值占比来看，1952~1978年农业产值占比保持在80%以上，而林业、牧业和渔业产值虽然有所增长，但是比重的提高也是微乎其微，见表2-1。②通过增加农作物的播种面积来增加粮食的供给。稻谷、小麦和玉米的播种面积所占比例基本呈上升趋势，稻谷播种面积占比从1952年的22.9%上升到1978年的28.5%，小麦播种面积占比从1952年的20.2%上升到1978年的24.2%，玉米播种面积占比从1952年的10.1%上升到1978年的16.6%，见表2-2。"以粮为纲"是为了满足农民的温饱需求，强调粮食数量的增长，农业结构单一，我国农业的结构基本停留在"农业—种植业—粮食"的低级阶段，严重阻碍了经济作物的发展，导致生产效益不高，形成了单一的粮食型农业结构。①

表2-1 1952~1978年中国农业结构

年份	农林牧渔业结构（%）				种植业结构（%）
	农业	林业	牧业	渔业	粮食种植比例
1952	85.9	1.6	11.2	1.3	87.8
1957	82.7	3.3	12.2	1.9	85.0
1962	84.7	2.2	10.9	2.2	86.7
1965	82.2	2.7	13.4	1.8	83.5
1970	82.1	2.8	13.4	1.7	83.1
1975	81.0	3.1	14.2	1.7	81.0
1978	80.0	3.4	15.0	1.6	80.3

资料来源：中华人民共和国农业部. 新中国农业60年统计资料 [M]. 北京：中国农业出版社，2009.

表2-2 1949~1978年粮食作物播种面积构成

年份	播种面积（千公顷）	稻谷（%）	小麦（%）	玉米（%）	薯类（%）	大豆（%）
1949	109958	23.4	19.6	11.7	—	—
1952	123979	22.9	20.2	10.1	7.0	9.4
1957	133633	24.1	20.6	11.2	7.9	9.5

① 叶初升，马玉婷. 新中国农业结构变迁70年：历史演进与经验总结 [J]. 南京社会科学，2019 (12)：1-9，33.

续表

年份	播种面积（千公顷）	稻谷（%）	小麦（%）	玉米（%）	薯类（%）	大豆（%）
1962	121621	22.1	19.8	10.5	10.0	7.8
1965	119627	24.9	20.7	13.1	9.3	7.2
1970	119267	27.0	21.3	12.2	8.6	7.0
1975	121062	29.5	22.8	15.4	9.1	5.8
1978	120587	28.5	24.2	16.6	7.0	5.9

资料来源：1949~1978年中国农业统计资料。

这一时期的农业结构的变化之所以缓慢和单一，主要受到了短缺经济、计划经济体制和国际形势三方面影响。首先，改革开放前，中国处于短缺经济状态，生产力水平低，农产品供给全面短缺。同时人口增长速度过快，加重了粮食生产的压力。为了解决人民的温饱问题，首要任务就是提高粮食的产量，满足人民生活的基本需求。粮食供给能力的提高，也为工业化的发展提供了良好的农业基础（叶初升、马婷，2019）。其次，这一阶段由于我国实施计划经济体制，由政府取代市场功能来配置资源，强制要求以种植粮食为主，导致各地无法发挥自身的比较优势，农业资源流动受阻，结构调整缓慢。最后，改革开放前，我国对外开放程度低，不具备进口大量粮食的能力和条件，同时国外对中国的敌对态度对我国构成了严重的威胁。因此，政府只能实施计划干预，强制要求大力发展粮食生产。[①]

改革开放以前，中国在农业结构调整中更重视粮食总量的增长，通过"以粮为纲"来缓解农产品供给短缺的压力。

二、改革开放以来我国农业产业结构调整变化历程

改革开放以后，根据农产品的供需情况，我国农业结构进行了相应的调整。主要经历了以下五个阶段：第一阶段（1979~1984年），为了达成提高农业生产力，增加农产品供给的目标，实行"绝不放松粮食生产，积极发展多种经营"的方针；第二阶段（1985~1991年），随着主要农产品供给能力的提高，出现了

---

① 宋文新. 我国农业结构战略性调整研究 [D]. 天津：天津大学，2003.

主要农产品供给过量,而其他农产品供给不足的现象,这一阶段主要实行了"减少粮食和棉花的种植面积"与"合同定购和市场收购"双轨制度;第三阶段(1992~1997年),由于消费需求升级,这一阶段强调大力发展高产优质高效农业;第四阶段(1998~2015年),推进农业结构战略性调整,提高农业经济效益,增加农民收入;第五阶段(2016年至今)进入农业供给侧结构性改革阶段。

(一)以粮食增产为主,积极发展多种经营(1979~1984年)

1979年是中国农业结构快速变化的时期。针对农业发展中存在的只重视粮食生产,而忽视其他生产部门的均衡发展,而造成各部门构成比例不协调的问题,国家制定了一系列政策和措施对农业结构进行调整,实施了"绝不放松粮食生产,积极发展多种经营"的方针,具体结果如表2-3、图2-1所示。①从农林牧渔业产值占比来看,1984年农业产值占比较1979年下降4%,而林业、牧业、渔业产值占比在1979~1984年均有增长,分别增长1.4%、1.5%、1.1%。由此可见,各产业结构之间的不协调有所改善。②1979~1984年,全国粮食作物的播种面积从119262.7千公顷下降到1984年的112883.9千公顷,但是粮食单产持续大幅度增长,从2785千克/公顷增长到3608千克/公顷,单产增长29.3%。粮食作物播种面积略有减少,但是经济作物种植面积呈上升趋势,例如,棉花的种植面积由1979年的4512千公顷增加到1984年的6923千公顷,实现了粮食作物和经济作物结构多元化发展。

表2-3 1979~1984年中国农业结构

年份	农林牧渔业结构(%)				种植业结构(%)
	农业	林业	牧业	渔业	粮食种植比例
1979	78.0	3.6	16.8	1.5	80.3
1980	75.6	4.2	18.4	1.7	80.1
1981	75.0	4.5	18.4	2.0	79.2
1982	75.1	4.4	18.4	2.1	78.7
1983	75.4	4.6	17.6	2.3	79.2
1984	74.0	5.0	18.3	2.6	78.3

资料来源:国家统计局农村社会经济调查司.中国农村统计年鉴(2008)[M].北京:中国统计出版社,2008.

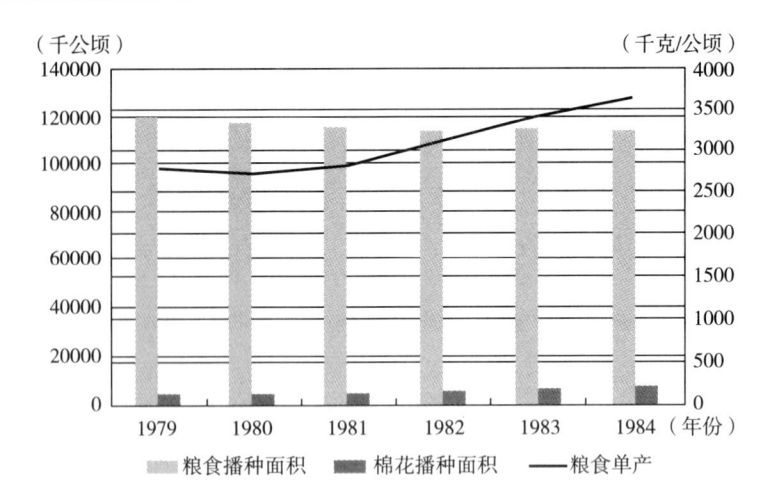

```
(千公顷)                                    (千克/公顷)
140000 ┐                                        ┌ 4000
       │                                        │
120000 ┤                                        ├ 3500
       │                                        │ 3000
100000 ┤                                        │
       │                                        ├ 2500
 80000 ┤                                        │ 2000
       │                                        │
 60000 ┤                                        ├ 1500
       │                                        │
 40000 ┤                                        ├ 1000
       │                                        │
 20000 ┤                                        ├ 500
       │                                        │
     0 ┴──────────────────────────────────────── 0
       1979  1980  1981  1982  1983  1984 (年份)
       ▓ 粮食播种面积   ■ 棉花播种面积   — 粮食单产
```

图2-1 1979-1984年全国主要农作物播种面积和粮食单产

改革开放前，我国农业的经营方式是按照计划经济体制和集体统一经营的分配模式。但这种运行模式并没有很好地解决我国农业供给短缺的难题。1978年，家庭联产承包责任制在全国的推广和双层经营体制使得农民拥有了一定的经营自主权，从而激发了农民的生产积极性，粮食作物产量呈现大幅度增长，如表2-4所示。粮食产量从1979年的33212万吨增加到1984年的40731万吨，增加了7519万吨，增加了22.6%。稻谷的产量从14375万吨增加到17826万吨、小麦的产量从6273万吨增加到8782万吨，玉米和大豆等主要农产品产量也保持稳步增长。同时1979~1984年，人均粮食占有量快速增长，从1979年的318.71千克/人增加到1984年的392.84千克/人，达到了历史最高水平，见图2-2。[①]

表2-4 1979~1984年全国主要粮食作物产量　　　　　单位：万吨

年份	粮食	稻谷	小麦	玉米	大豆
1979	33212	14375	6273	6004	746
1980	32056	13991	5521	6260	794
1981	32502	14396	5964	5921	933

---

① 赵悦.吉林省种植业供给侧结构性改革及其优化研究[D].长春：吉林农业大学，2019.

续表

年份	粮食	稻谷	小麦	玉米	大豆
1982	35450	16160	6847	6056	903
1983	38728	16887	8139	6821	976
1984	40731	17826	8782	7341	970

资料来源：国家统计局农村社会经济调查司. 中国农村统计年鉴（2008）[M]. 北京：中国统计出版社，2008.

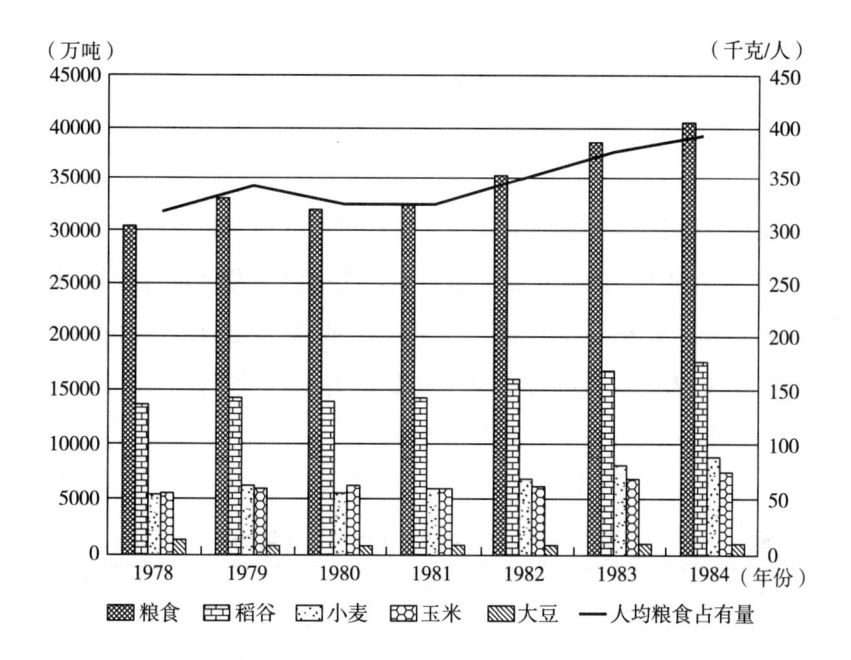

图 2-2　1978~1984 年全国粮食作物产量和人均粮食占有量变化情况

资料来源：中华人民共和国农业部. 新中国农业 60 年统计资料 [M]. 北京：中国农业出版社，2009.

这一时期农业结构调整的主要原因是：①为了摆脱农业落后的现状，积极推进实现农业现代化，1979 年 9 月，党的十一届四中全会通过的《中共中央关于加快农业发展若干问题的决定》指出，贯彻执行"农林牧副渔同时并举"和"以粮为纲，全面发展，因地制宜，适当集中"的方针。要有计划地逐步改变我国目前农业的结构和人们的食物构成，把只重视粮食种植业，忽视经济作物种植业和林业、牧业、副业、渔业的状况进行改善。②由于 1978 年开始实施家庭联产承包责任制，大大提高了农民的生产积极性，随着农业生产力的不断提高，粮食单产持续增长，解决了农民的温饱问题。为了增加收入，农民主动将粮食作物和经济作物的比例进行了调整，减少了粮食作物的播种面积，大幅度增加了经济作物的种植面积，打破了单一的粮食型农业生产结构的局限。由此可以看出农业结构调整初见成效。但是经过一段时间的农业结构调整，虽然粮食和棉花产量大幅度增加，但是出现了产品质量参差不齐、品种结构不合理的问题，陷入了购不起、销不动、调不出的困境，造成了"卖粮难""卖棉难"的现象。针对这一问题，政府需要尽快出台政策将粮棉转化，进一步调整农业结构。

（二）加速粮食转化，丰富农产品种类（1985～1991年）

这一阶段农业结构调整的主要特征是大幅度降低粮食和棉花的种植面积，解决"卖粮难""卖棉难"的问题，加速粮食转化，大力发展畜牧业。① 从表2-5中可以看出，1984～1991年农业产值占比下降幅度较大，从74.1%下降到63.1%，林业产值占比保持相对稳定。而牧业和渔业产值占比呈上升趋势，分别从18.3%上升到26.5%、2.6%上升到5.9%。

表2-5　1984～1991年中国农业结构

年份	农林牧渔业产值结构（%）				种植业结构（%）
	农业	林业	牧业	渔业	粮食种植比例
1984	74.1	5.0	18.3	2.6	78.3
1985	69.2	5.2	22.1	3.5	75.8
1986	69.1	5.0	21.8	4.1	77.0
1987	67.6	4.7	22.8	4.8	76.0
1988	62.5	4.7	27.3	5.5	76.0
1989	62.8	4.4	27.6	5.3	76.6
1990	64.7	4.3	25.7	5.4	76.5
1991	63.1	4.5	26.5	5.9	75.1

① 张冬平. 中国农业结构变革与效率研究［D］. 杭州：浙江大学，2001.

如表2-5、表2-6、图2-3、图2-4所示,种植业中的粮食种植占比由1984年的78.3%下降到75.1%。相应地,粮食的播种面积由1984年的112884千公顷下降到1985年的108845公顷。粮食单产也有所下降,尤其1985年单产下降幅度为125千克,1984~1985年稻谷、小麦、玉米和大豆的产量也相应减产。棉花播种面积的变化可以概括为两个阶段:①1984~1987年为下降阶段,播种面积从6923千公顷减少到4844千公顷,下跌了30.0个百分点,产量也由626万吨减少到425万吨;②1988~1991年为维持阶段,该阶段棉花播种面积基本保持不变。作为饲料作物的马铃薯的播种面积和产量在1985~1991年持续稳定增长。播种面积由2478千公顷增长到2879千公顷,产量也从535万吨上升到608万吨。

表2-6 1984~1991年全国农作物播种面积、产量和单产

年份	粮食播种面积（千公顷）	粮食产量（万吨）	粮食单产（千克）	棉花播种面积（千公顷）	棉花产量（万吨）	棉花单产（千克）	马铃薯播种面积（千公顷）	马铃薯产量（万吨）	马铃薯单产（千克）
1984	112884	38726	3608	6923	626	904	2562	568	2217
1985	108845	37911	3483	5140	414	807	2478	535	2159
1986	110933	39151	3529	4306	354	822	2507	530	2114
1987	111268	40298	3622	4844	425	876	2588	534	2601
1988	110123	39408	3579	5534	415	750	2747	632	2302
1989	112205	40755	3632	5203	379	728	2822	624	2212
1990	113469	44624	3933	5588	451	807	2865	648	2263
1991	112314	43529	3876	6539	578	868	2879	608	2112

这一时期农业结构调整的主要原因是:①为了解决市场上粮棉供过于求而其他的经济作物和畜产品等供不应求的问题。1985年政府对农产品的流通体制进行了改革,即将农产品的统购统销制度改为减少合同订购和增加市场收购并行的"双轨制",把农村经济逐步纳入有计划的商品经济中,促进传统农业向农业现代化、专业化、商品化方向发展,从而有效控制粮食和棉花生产,全面发展其他农产品的生产。②政府将种植粮食的区域进行优化,对不适合种植粮食的地区实

行还林还牧,并通过财政手段支持粮棉集中产区发展农产品加工业,支持发展畜牧业、养殖业、林业。

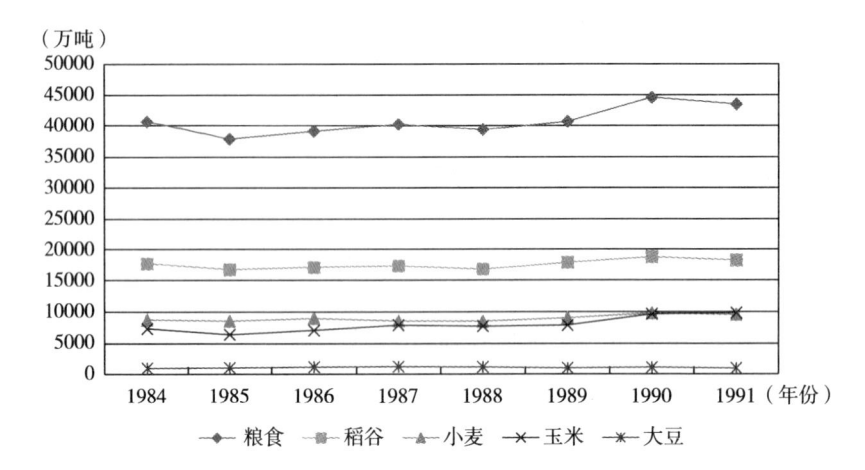

图 2-3　1984~1991 年全国粮食及主要粮食作物产量变化情况

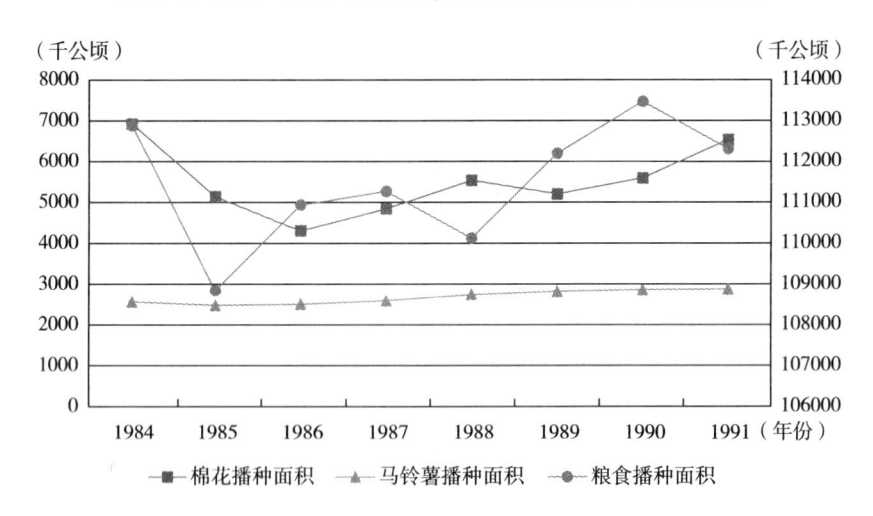

图 2-4　1984~1991 年棉花、马铃薯、粮食播种面积变化情况

（三）提高农产品品质,满足市场需求（1992~1997 年）

这一时期我国对农业产业结构单一的情况进行了调整,在保持粮食稳定增长的前提下,提高主要农副产品的供给量,达到多元化经营,如表 2-7 所示。农业产值占比连续下降,从 1992 年的 61.5% 下降到 1997 年的 58.2%,林业产值从

4.7%下降到3.4%，而牧业和渔业产值占比呈增长趋势。牧业产值从27.1%增长到28.8%，渔业产值占比大幅度增长，从1992年的6.8%增长到1997年的9.6%。

表2-7 1992~1997年中国农业结构

年份	农林牧渔业产值结构（%）				种植业结构（%）
	农业	林业	牧业	渔业	粮食种植比例
1992	61.5	4.7	27.1	6.8	74.2
1993	60.1	4.5	27.4	8.0	74.8
1994	58.2	3.9	29.7	8.2	73.9
1995	58.4	3.5	26.9	8.4	73.4
1996	60.6	3.5	26.9	9.0	73.9
1997	58.2	3.4	28.8	9.6	73.3

从种植业的内部结构来看，品种和品质结构调整幅度较大，能够满足市场需求的高质量品种逐渐增加，如表2-7、表2-8、图2-5所示。粮食种植比例从1992年的74.2%下降到1997年的73.3%，而经济作物的种植比例在逐渐增加，特别是像蔬菜、瓜果这样的高效益经济作物，其播种面积大幅度增长。蔬菜的播种面积从1992年的7031千公顷增长到1997年的11288千公顷，增长了60.5个百分点，瓜果的播种面积从1992年的951千公顷增长到1302千公顷，增长了36.9个百分点。同时从畜牧业的内部结构来看，肉类、蛋类、奶类的产量均持续增长，其产量分别最高达到5269万吨、1897万吨、601万吨。

表2-8 1992~1997年农业调整结构情况

年份	粮食播种面积（千公顷）	经济作物播种面积（千公顷）		畜牧业产量（万吨）		
		蔬菜	瓜果	肉类	蛋类	奶类
1992	110560	7031	951	3431	1020	503
1993	110509	8084	1123	3842	1180	499
1994	109544	8921	1124	4499	1479	529
1995	110060	9515	1101	5260	1677	576
1996	112548	10491	1203	4584	1965	629
1997	112912	11288	1302	5269	1897	601

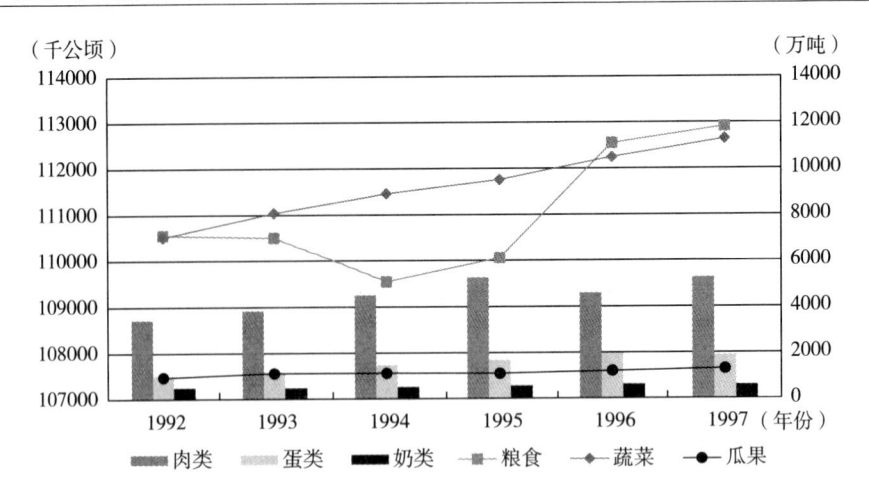

图 2-5　1992~1997 年种植业播种面积和畜牧业产量变化情况

这一阶段农业结构调整的主要原因是随着国民经济的快速发展，人们的需求从解决温饱上升到对优质农产品的消费。但是由于上一阶段粮食和棉花产量过剩导致农产品质量低下，而只有部分地区生产出的农产品品质高，但相对价格较高，无法满足人们的消费需求。针对上一阶段农业结构调整出现的产量增高，销量低，农业生产效率低的状况，1982 年国务院发布了《关于发展高产优质高效农业的决定》，明确指出农业应该在重视产品数量的基础上，转向高产与优质并重，提高农业生产效益，发展高产优质高效农业。这一阶段，调整了农业种植业结构，在粮食稳步增长、积极发展多种经营的前提下，将传统的"粮食—经济作物"二元结构，逐步转向"粮食—经济作物—饲料作物"三元结构，不断提高农作物的综合利用率和转化率。1993 年发布的《中共中央关于建立社会主义市场经济体制的决定》指出要适应市场对农产品消费需求的变化，优化品种结构，使农业朝着高产、优质、高效的方向发展。农业结构开启了以市场为导向，由数量型农业向质量效益型农业的转变。

（四）农产品供给全面提升与农民增收（1998~2015 年）

1998 年中央提出了农业结构战略调整，农业内部结构发生了巨大的变化。1998~2015 年粮食产量变化情况，如图 2-6 所示。1999~2003 年，粮食产量持续下降，由 50839 万吨下降到 43070 万吨，2004 年粮食产量比 2003 年增加了 3877 万吨，上升了 9 个百分点。2007~2015 年粮食产量持续增长，2012 年粮食产量突破 60000 万吨，2015 年全国粮食产量创新高达到 66060 万吨。1999~2003 年由于农业生产条件落后，农民收入增速缓慢，引发了粮食安全问题。为了稳定粮食安全，增加农民的收入，2003 年以后国家实施了"两减免、三补贴"措施，2008 年发布的《中共中央关于推进农村改革发展若干重大问题的决定》中指出，在稳定土地承包关系的基础上，鼓励合法流转土地。① 政府推出的政策和实施的措施大大调动了农民的生产积极性，构建了农业支持体系，促进了粮食产量和播种面积的持续增长。

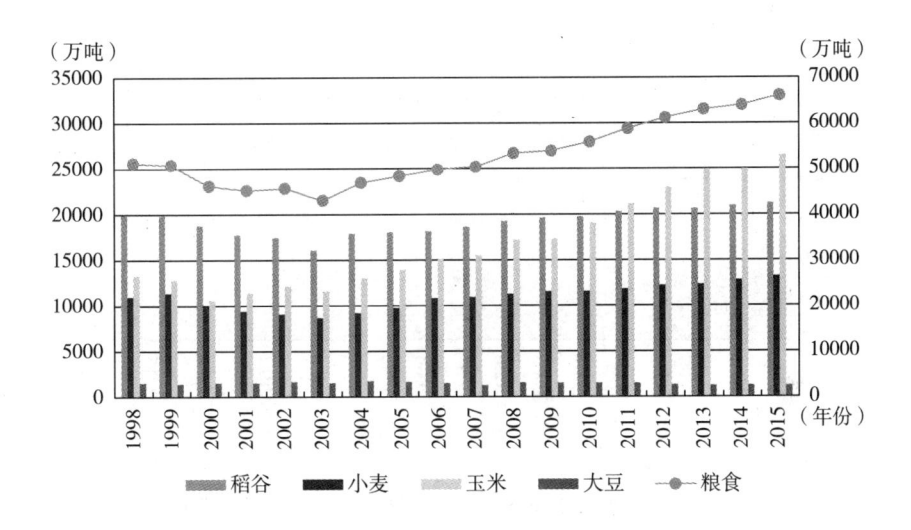

图 2-6　1998~2015 年全国粮食及主要粮食作物产量变化情况

资料来源：国家统计局. 中国统计年鉴 2018 [M]. 北京：中国统计出版社，2018.

虽然 2004~2015 年粮食产量连续 12 年呈现增长态势，但是玉米、大豆等农产品的生产结构在这期间波动很大，如图 2-7 所示。玉米的播种面积从 2004 年的 25446 千公顷增长到 2015 年的 44968 千公顷，增长了 19522 千公顷。稻谷和小麦的播种面积也逐渐扩大，稻谷播种面积从 28379 千公顷增长到 30784 千公顷，

---

① 刘凌霄. 农业产业结构调整的理论方法及应用研究 [D]. 北京：北京交通大学，2019.

增长了2405千公顷，小麦的播种面积从21626千公顷增长到24596千公顷，增长了2970千公顷，这得益于国家实施的高额补贴和取消农业税的政策。但是只有大豆的播种面积呈下降趋势，2004年的播种面积是9589千公顷，到了2015年跌破7000大关（6827千公顷）。玉米的播种面积呈直线上升趋势，而大豆的播种面积呈直线下降趋势。玉米产量过剩，大豆产量不足，相对其进口数量也增加。随着农业结构战略性调整，农村居民的收入及结构也发生了改变，农村居民收入稳定增长[①]。

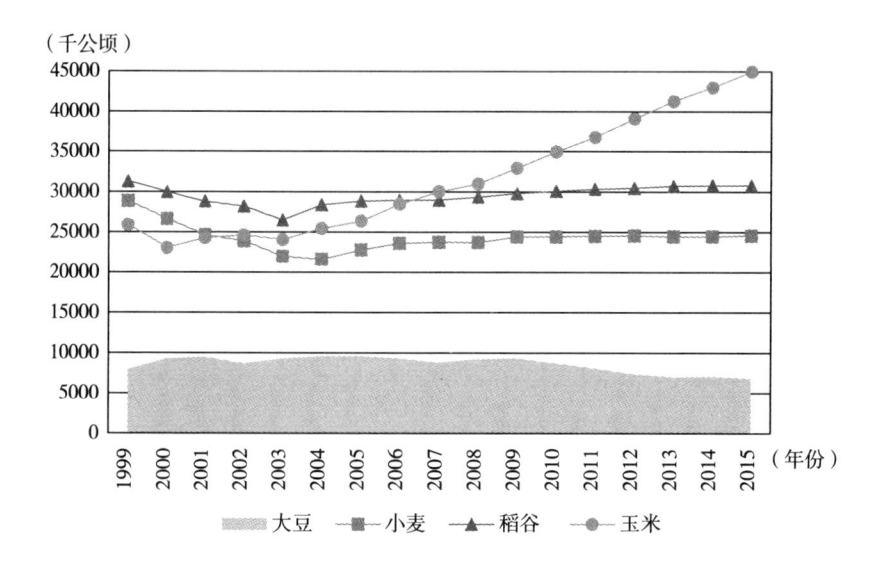

图2-7 1999~2015年全国主要粮食作物播种面积变化情况

（五）农业供给侧结构性改革阶段（2016年至今）

粮食产量持续增长，粮食供给过剩，出现了农产品供求结构性失衡问题。2015年，中央一号文件《关于加大改革创新力度加快农业现代化建设的若干意见》明确指出围绕建设现代农业，加快转变农业发展方式，深入推进农业结构调

---

① 叶初升，马婷. 新中国农业结构变迁70年：历史演进与经验总结[J]. 南京社会科学，2019(12): 1-9, 33.

整。① 同年 12 月的中央农村工作会议上强调加强农业供给侧结构性改革，提高农业供给体系质量和效率，使农产品供给数量、品种和质量满足消费者的需求。至此，我国农业进入了供给侧结构性改革阶段。

第二节 我国农产品供求现状分析

马克思在《资本论》中指出，社会生产力的发展水平决定供给的范围和供给的水平，一切影响社会生产总量的因素也都会影响供给量。本节以 USD 官网查询的粮食作物（玉米、小麦、大豆）和经济作物（棉花）的总供给量和总消费量为基础数据，通过对其总供给量和总消费量的对比，分析我国主要农作物的供给结构；通过分析我国玉米、小麦、大豆、棉花的结构现状，探求我国主要农作物的供求关系；并从农产品质量、农产品加工能力以及资源环境等视角分析我国农业产业结构存在的问题。

一、我国农产品总量指标分析

农作物的总供给量由总产量、进口量以及年初库存量构成；农作物的总消费量是国内消费量与出口量之和。② 2000~2019 年我国玉米、小麦、棉花以及大豆等主要农作物的总供给量变化如图 2-8 所示，总消费量变化趋势如图 2-9 所示。

由图 2-8 可知，2000~2019 年，我国主要农作物总供给量的变化可以概括为三个阶段：①2000~2004 年为降低阶段，总供给量从 50740 万吨减少到 41811 万吨；②2005~2017 年为迅速增加阶段，我国主要农作物的总供给量翻了一番不止；③2018~2019 年为维持阶段，该阶段我国主要农作物的总供给

---

① 赵悦. 吉林省种植业供给侧结构性改革及其优化研究 [D]. 长春：吉林农业大学，2019.
② 黄蓓. 1992~2012 年我国大豆市场供求状况分析 [J]. 中国物价，2014（3）：49-52.

量基本保持不变。

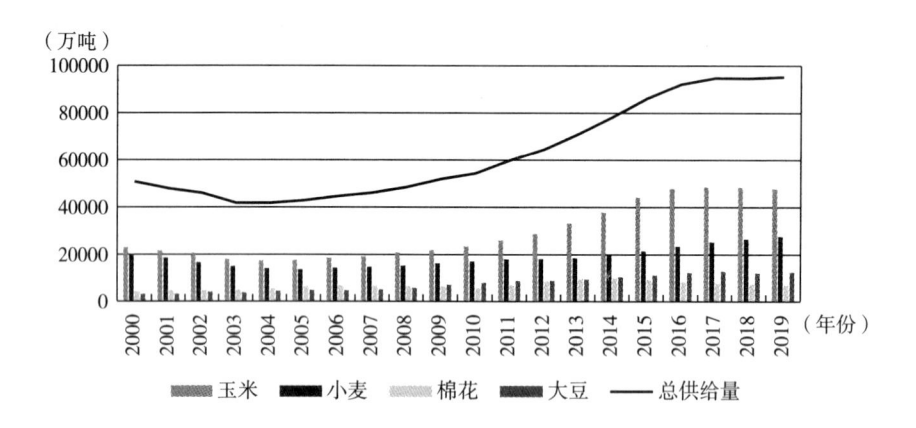

图 2-8 2000~2019 年我国主要农作物供给量变化

2000~2019 年我国主要农作物的总消费量迅速增多，由 2000 年的 28927 万吨增加到 54962 万吨，见图 2-9。其中，玉米的消费量最多，增长速度也最快。玉米的消费量增长的主要动力来自于工业消费，乙醇燃料的推广以及玉米深加工的发展，增加了玉米的消费量。

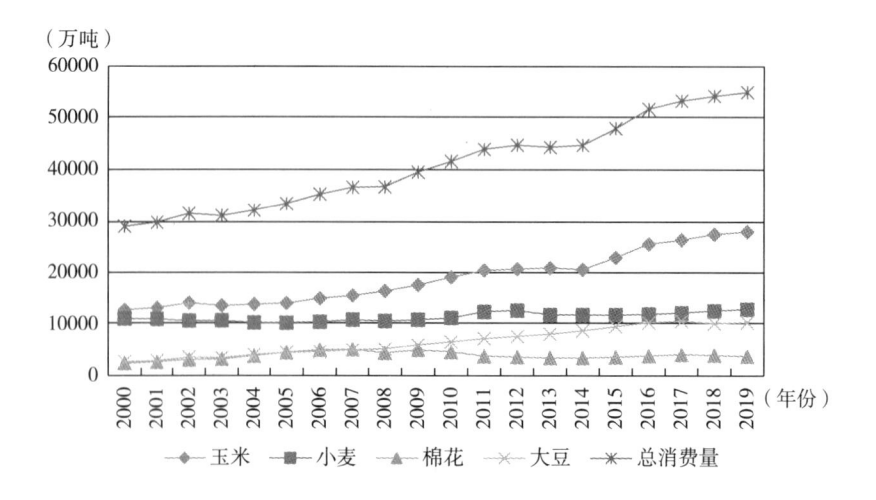

图 2-9 2000~2019 年我国主要农作物消费量变化

(一) 主要农作物总供给量增长的原因分析

2000~2019 年我国主要农作物生产量、进口量、年初库存量以及总供给量的变化趋势如图 2-10 所示。

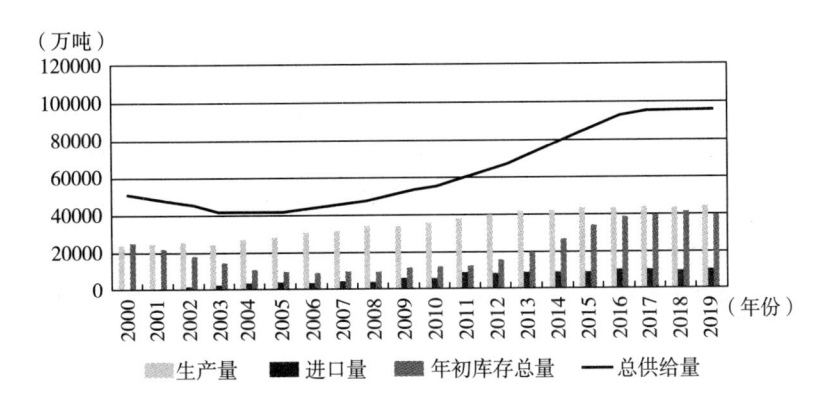

图 2-10　2000~2019 年我国主要农作物供给量汇总

首先，主要农作物的总产量不断提高。在政府制定的一系列"强农、惠农、支农"政策的支持下，农民的务农积极性得到激活，农民的收益得到保障，我国玉米、小麦、棉花、大豆等主要农作物的总产量总体呈现增长态势。同时，农业生产技术的不断发展，提高了我国主要农作物的单位面积生产效率，增加了农作物的总产量。

其次，主要农作物的期初库存量不断增加。期初库存是农作物供给的重要补充。2000~2019 年我国玉米、小麦、棉花以及大豆的年初库存量总体呈现增长趋势：①2019 年大豆的年初库存量 1946 万吨，较 2000 年的年初库存量增长 317 万吨，增长幅度近 6 倍。②玉米和小麦的年初库存量呈现"U"形。玉米自 2000 年起年初库存量逐年降低，2008 年初库存量下降到 3623 万吨，为该阶段年初库存量的最低点，随后自 2009 年起逐年增加。小麦的年初库存量变化与玉米的变化趋势基本一致，但较玉米更为平缓。③棉花的年初库存量至 2015 年达到峰值后，逐年降低，2019 年棉花的年初库存量为 3567 吨。

最后，主要农作物的进口量不断增长。国内农作物价格偏高，国外农作物价格较低，是我国农作物进口量不断增多的主要原因之一。一方面，化肥、农药、农膜等农用物资投入的加大，增加了农作物的种植成本，使农作物价格上涨，市场竞争力下降，继而国外农作物不断涌入国内市场。另一方面，国家为了维持农民的收入水平，出台了一系列价格保护政策，抬高了国内市场价格，使价格相对较低的国外农作物在国内市场份额不断增多。

（二）主要农作物总消费量增长的原因分析

2000～2019年，我国主要农作物的国内总消费量逐年增加使我国主要农作物的总消费量不断增长，但我国主要农作物的出口量占总消费量比例较低，且呈现降低趋势，如图2-11所示。我国主要农作物市场价格偏高，缺少市场竞争力是影响我国主要农作物出口的重要因素。

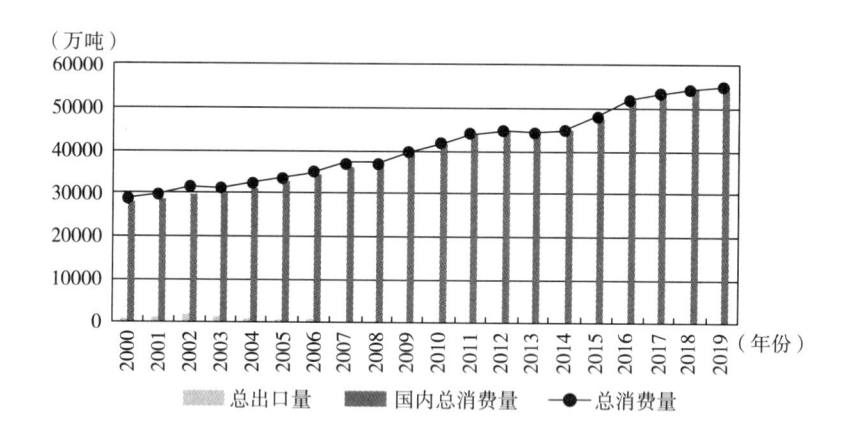

图 2-11　2000～2019 年我国主要农作物消费量汇总

样本数据中，粮食消费需求的不断增加是导致2000～2019年我国主要农作物国内消费总量逐年增加的直接原因。我国粮食消费需求主要包括口粮、饲料用粮、工业用粮、种子用粮、粮食损耗和其他消费等，其中饲料用粮增长是我国粮食消费量增长的主要原因。随着人们生活水平的不断提高，饮食结构发生变化，肉、禽、蛋、奶等食物的消费量增多，作为口粮的粮食消费减少，因此以玉米、豆粕为代表的饲料用量不断增多。

（三）我国主要农作物供需结构不合理，供大于求

2000~2019年我国主要农作物的总供给量大于总消费量，且差距不断增大，呈现供大于求、供需结构不合理的态势，如图2-12所示。2000~2004年，总供给量与总消费量差距缩小趋于供需平衡，但自2005年起总供给量迅速攀升。造成供需结构不合理的原因主要包括以下几个方面：①随着农业技术的发展，农作物生产效率得到大幅提升；②中国加入WTO后，主要农作物的进口量逐年增加；③我国实施一系列惠农、支农、强农政策，调动了农民耕作的积极性；④我国主要农作物价格缺少市场竞争力，总出口量不断减少。

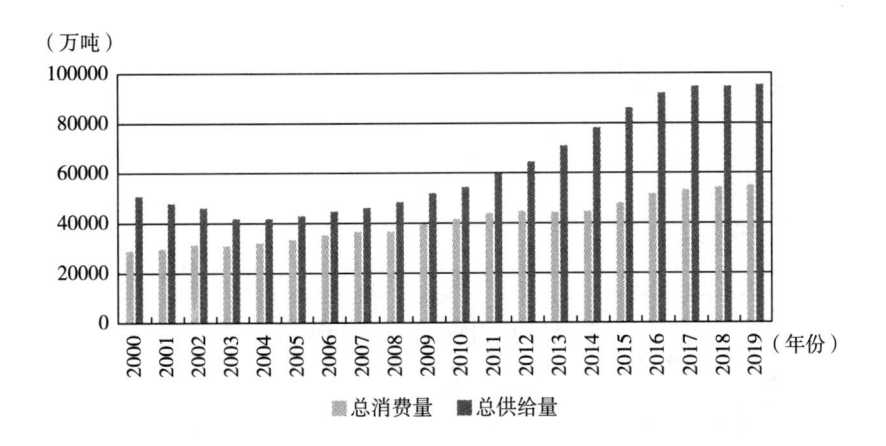

图2-12 2000~2019年我国主要农作物供求关系变化

二、我国农产品结构指标分析

（一）玉米供求现状分析

如图2-13所示，2000~2019年我国玉米的总供给量变化可以分为三个阶段：①2000~2004年，总供给量减少；②2005~2016年，总供给量迅速攀升；③2017~2019年，玉米供给量稍有减少，整体维持不变。其中，玉米产量逐年

增多,由 2000 年的 10600 万吨增长到 2019 年的 26077 万吨;玉米的进口量变化趋势与总供给量变化趋势基本一致,从 2000 年的 8.9 万吨减少到 2004 年的 0.2 万吨,随后虽有波动,但整体呈现迅速增长态势;玉米的期初库存量也呈现不断增长态势。

2000~2019 年我国玉米的总消费量逐年增加,但增长幅度远低于总供给量的增长幅度,且总消费量始终低于总供给量,处于供求结构失衡,供大于求的状态。玉米的出口量逐年减少,而总消费量不断增长。其中,饲料消费占总消费的比重不断增加。

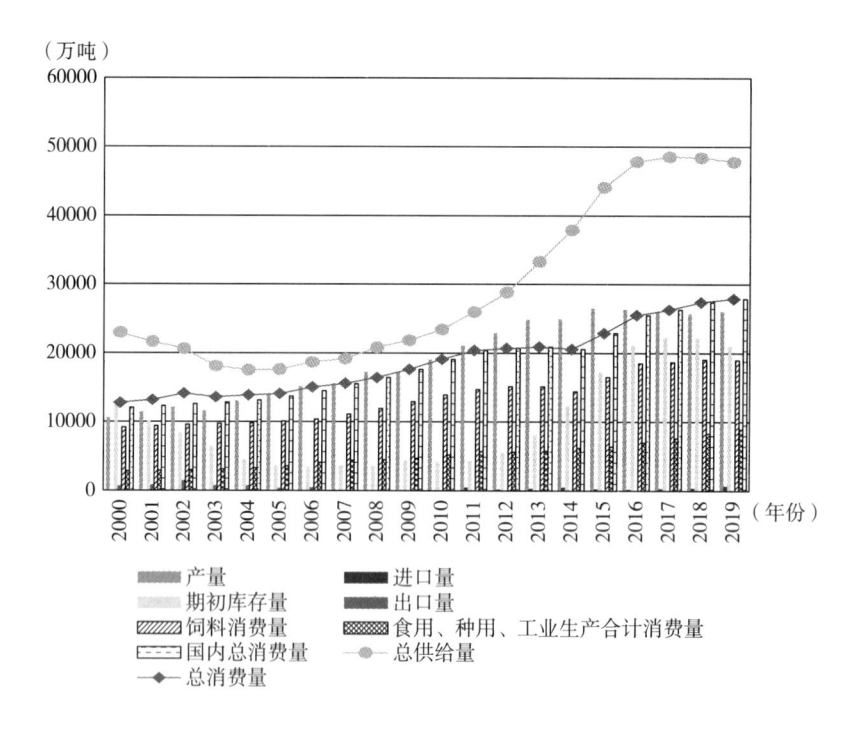

图 2-13 2000~2019 年玉米供求状况

(二) 大豆供求现状分析

如图 2-14 所示,2000~2019 年我国大豆总产量与总消费量变化趋势基本一致,呈持续上涨态势,且总供给量与总消费量的差额逐年增加。可见,我国大豆供求结构不合理，供不应求现象严重。

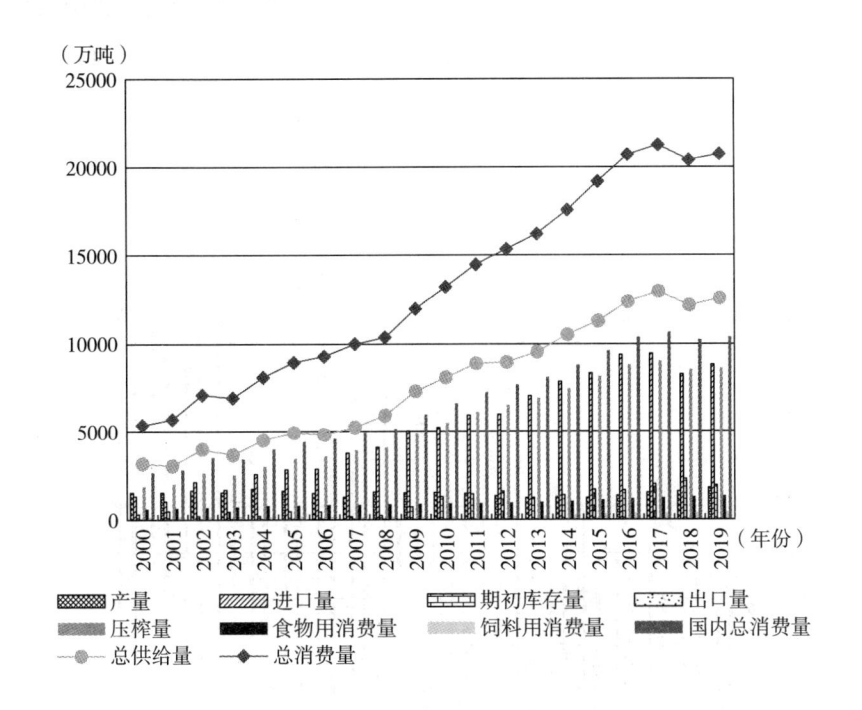

图 2-14 2000~2019 年大豆供求状况

一方面，大豆的总供给量逐年增加，但仍无法满足总消费需求。其中，总产量变化幅度较小，2000 年大豆的总产量为 1541 万吨，2019 年大豆的总产量增长到 1810 万吨，增长幅度为 17%；而其进口量由 2000 年的 1325 万吨增长到 2019 年 8800 万吨，增长幅度较大，而且在未来短时间内，大豆的总供给量主要依靠进口的现状不会改变。导致我国大豆供不应求的原因主要包括两方面：一是受进口大豆的营销，进口大豆较国内大豆具有价格低、出油率高的特点，因此国内市场更倾向于采用进口大豆；二是近年来大豆产量低、收益少，降低了农民种植大豆的积极性，转为耕种玉米、小麦等农作物。

另一方面，大豆的出口量不断减少，而国内消费量迅速增加。2000 年大豆的国内消费量为 2671 万吨，2019 年增长为 10370 万吨，增长了近 3 倍。其中，如图 2-15、图 2-16 所示，大豆油和豆粕构成大豆的主要国内消费，这是由我国食品消费结构发生变化而引起的。随着国民收入的增加,我国人民的生活水平得到提高,人们不仅关注温饱,更加关注食物的丰富性及健康性。我国人均禽蛋消费量稳居世界第一,肉类消费量也达到了中等发达国家水平[①],因此,食用豆油和饲料用豆粕消费量逐年增加。

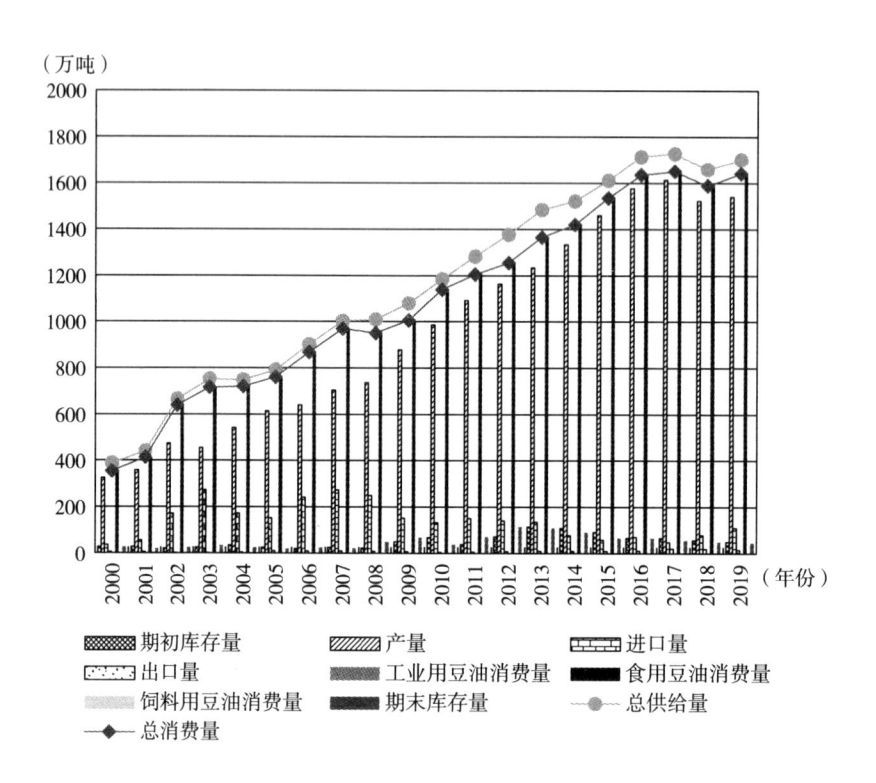

图 2-15　2000~2019 年大豆油供求状况

（三）小麦供求现状分析

中国是世界上最大的小麦生产国,也是最大的小麦消费国。[②] 一方面,如

[①] 黄蓓. 1992~2012 年我国大豆市场供求状况分析 [J]. 中国物价, 2014 (3): 49-52.
[②] 黄奇鹏, 武文斌, 李聪, 孟乐, 林冬华. 中国小麦供需形势分析与对策 [J]. 现代面粉工业, 2018, 32 (5): 39-42.

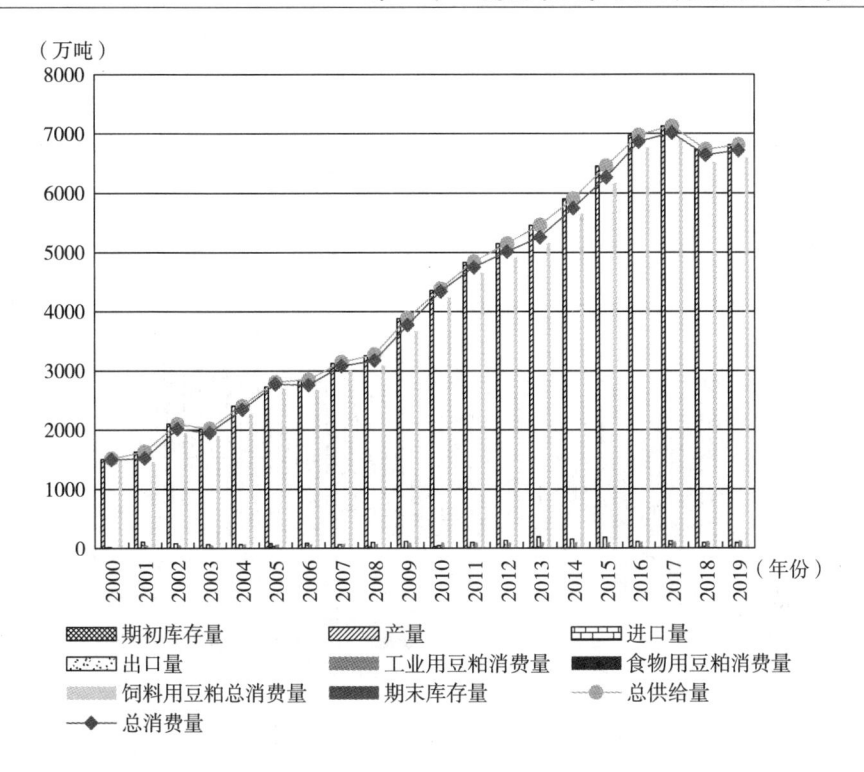

```
(万吨)
8000
7000
6000
5000
4000
3000
2000
1000
0
     2000 2001 2002 2003 2004 2005 2006 2007 2008 2009 2010 2011 2012 2013 2014 2015 2016 2017 2018 2019 (年份)
```

期初库存量　　　产量　　　进口量
出口量　　　工业用豆粕消费量　　　食物用豆粕消费量
饲料用豆粕总消费量　　　期末库存量　　　总供给量
总消费量

图 2-16　2000~2019 年豆粕供求状况

图 2-17 所示，2000~2019 年我国小麦总供给量呈现"U"形变化趋势，2000~2005 年年供给量由 20278 万吨下降到 13740 万吨，下降幅度为 32%；2006 年起我国小麦的总产量逐年增加，是我国小麦总供给量逐年上涨的重要原因。2006 年我国小麦总供给量为 14335 万吨，2019 年我国小麦总供给量达到 27736 万吨，增幅近 94%。国内小麦的总产量容易受到天气、政策等影响而发生大的变化，因此小麦的总供给量呈现"U"形变化趋势，且年间波动较大。另一方面，我国小麦的出口量较少且变化幅度较小，因此小麦的总消费量约等于国内消费量。我国小麦的总消费量整体呈现上升趋势，2000~2019 年我国小麦的总消费量增长幅度为 16.4%。小麦是我国重要的粮食，是生活的必需品，因此，国内小麦的总需求变化幅度较小，不易受其他因素影响而引起总需求变化的大波动。

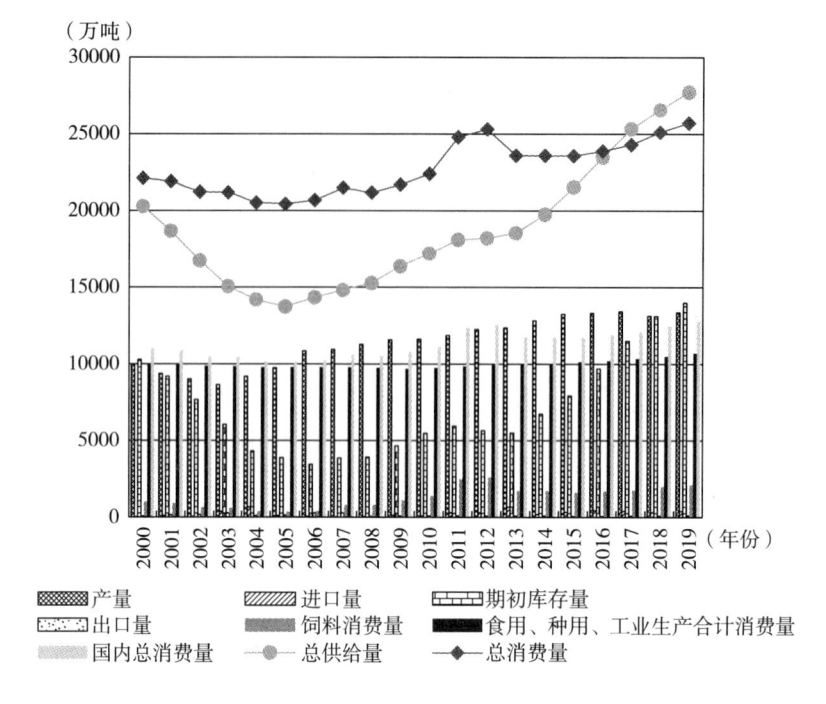

图 2－17　2000～2019 年小麦供求状况

此外，随着人们生活水平的不断提高，人们对高质量优质小麦粉的需求不断增长，对普通质量的小麦粉的需求降低。而国内的小麦多为普通质量，高质量的小麦大多依靠进口。因此，造成了国内普通质量小麦库存量增多，高质量小麦粉国外进口量不断增多的现状。

（四）棉花供求现状分析

棉花是我国重要的经济作物之一，棉花产业具有产业链长、社会就业率高、产业关联度高等特点，是我国重要的基础性、战略性民生产业，为我国经济发展做出了重要贡献。

如图 2－18 所示，2000～2019 年我国棉花的总产量受天气、政策、市场等因素影响产量虽有波动，但整体呈现上升趋势。同时，我国棉花的进口量从 2000 年的 23 万吨增加到 2019 年的 850 万吨，增长了约 36 倍。其中，2011 年我国棉花的进口量一度达到 2453 万吨。2000～2019 年我国棉花的出口量从 44.2 万吨下降到17.5万吨，个别年份的出口量虽有波动，但整体呈下降趋势。此外，我国棉花的出口量较少，棉花的总消费量约等于国内棉花总消费量。棉花出口量较少主要是受棉花质量及价格的影响。

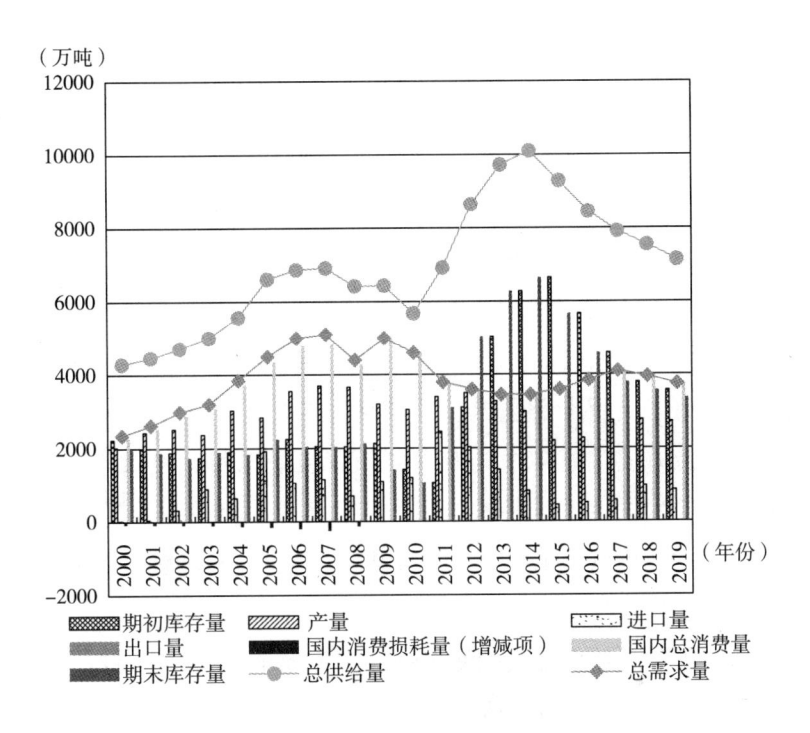

图2-18 2000~2019年棉花供求状况

从上述分析可知，我国棉花的产量和进口量总和低于国内棉花的总消费量，即我国棉花的供求关系为供不应求。但由于棉花的库存量不断增多，库存积压的数量远超过国内棉花的总消费量，总体的供求关系表现为供大于求，即"国货入库、洋货入市"。出现这种情况的根本原因是我国对高端、优质、标准、安全的棉花需求较大，但国内生产的棉花质量只适合做配棉或纺中短支纱，无法满足产业需求，使纺织企业陷入"无米下锅"的尴尬局面。[①]

---

① 王桂峰，魏学文，王琰，董文全. 山东省棉花供给侧结构性改革的思考与建议 [J]. 山东农业大学学报（社会科学版），2017，19（2）：16-23.

三、我国农产品供给结构存在的其他问题

（一）农产品存在质量安全问题

随着生活水平的提高，人们对农产品质量的关注度越来越高。同时，受过去食品安全事件的影响，国家对农产品质量安全问题加大了管理力度，取得了较好效果，但新的农产品质量安全问题仍层出不穷，究其原因主要包括：农户对农产品质量安全问题认识不够、信息不对称以及监管难度大等。

与农产品质量安全问题相比，农户更加关注农产品的成本、售价和销售渠道。近年来国家加大对农产品的补助力度，农民的收入得到提高。但由于农药、化肥、农膜等农业投入品价格上升，农产品成本升高，农民收入受到影响。另外，国外价格低廉、质量更好的农产品不断涌入国内市场，使农产品市场的竞争越发激烈。因此，农户为了维持农产品收入，将更多精力投入降低农产品的成本、提高农产品的售价以及拓展农产品的销售渠道上，从而忽视了对农产品质量问题的关注。

由于对农产品的检测标准及检测机制等尚不健全，对农产品的生产、加工、运输等各环节缺乏有效的检测与监督，市场机制存在信息不对称，使得农产品的质量安全信息存在不完全性。现阶段，我国对农产品质量安全问题的监管难度较大，既包括对农业投入品的监管，也包括对农产品生产过程的监管。农业投入品以农药为例，我国降低了农药生产经营的市场准入门槛，取消了农药的经营许可。这导致一些没有专业知识的人从事农药的经营。农药品种较多，流通环节较复杂，这也增加了对农药使用过程的监管难度。另外，关于农产品生产过程的监督问题，由于基层监督能力较弱，农户情况较复杂，使得农产品生产过程的监管难度被提高。

（二）农产品加工能力不强，价值链偏低

我国农产品加工多停留在对农产品的初加工上，对农产品的深加工不足，高端农产品种类不多，不能满足人们的差异化需求，还存在严重的供给侧结构性问

题。我国农产品价值链偏低，存在附加价值低、技术含量少、能源消耗大、质量水平不高、农产品品牌化不强等问题，使得我国农产品国际竞争力不强，价格偏低，经济增长点不高。若不及时提高农产品的加工能力，一方面会影响农业资源的合理利用，另一方面也不利于提高我国农产品的市场竞争力，造成"国货入库、洋货入市"的不利局面。

第三章
土地流转对农业供给侧结构性改革的驱动机理

第一节 农业供给侧结构性改革与土地流转的耦合关系

一、农业供给侧结构性改革的目标

(一)农业供给侧结构性改革的总体目标

2008年经济危机蔓延全球,我国在评估经济的运行状态后,实行了40000亿经济刺激计划,稳定了经济发展,经济增长得以保持。然而,这个政策只是暂时减轻病痛来解决影响经济增长的根本问题,经济结构不合理等问题仍然需要解决,经营粗放、供给单一与产能过剩等问题依然存在。以消费者需求促进经济发展的效果并不明显,且弊病也在逐渐显现。

农业方面虽然逐步实施了针对主要农产品的政府最低采购价格和政府临时采

购储存政策。农产品的供给由过去的大部分农产品供给不足变成目前部分农产品供给过剩且农产品供给的结构性问题越加明显的状态。随着时间的推移，定价政策的负面作用也渐渐显露。其中，较为突出的问题是农产品价格的形成机制误导了农民的生产，损坏了市场的定价机制，刺激了低水平农业的发展。[①]

与此同时，由于人们收入水平的增长和财富的增加，消费结构转型带动了对高品质农产品的需求，造成了农产品结构性矛盾，人们的需求不符合现阶段农业的发展水平。中国市场上供应的大部分农产品，属于中、低水平的初级农产品。与此同时，农产品消费需求却不断攀升，人们对高品质、绿色农产品的需求不断增长，对农产品品质的关注甚至超过了农产品本身的价值，这便使我国农产品供需不平衡的问题越加严重。总之，消费者对农产品的需求发生了质的变化，农产品的供应也须适应消费者不断增长的需求。[②]

一方面，农业生态环境的压力不断加重。于2010年进行的全国范围内污染普查公报表明，来自农业氮、磷的排放量分别为270万吨和28万吨，各自占全国氮、磷排放总量的57.2%和67.4%。由此得出，农业生产中的非点源污染问题比较严重。实现农业可持续发展和生态文明建设的目标，需要从供给方面加强对农业生态环境的保护。

另一方面，农产品面临价格"天花板"与成本"地板"的局面。2008～2013年，国内大米、小麦和玉米的生产成本在这5年间平均增长了82%，导致农产品生产的比较效益不断降低。再加上我国主要农产品与国外农产品价格的倒挂关系，巨大的价差利润使得国外农产品逐渐充斥着国内市场，部分国内农产品甚至被挤出了国内市场，使得农民逐渐失去了种植这些农产品的热情。粮食的进口量和库存量达到了较高的水平，再加上国内粮食不断增产，产生了产量、库存量、进口量同时增加的现象，造成了粮食价格偏低并且逐渐下降的趋势。形势所迫，我国必须加快实施农业供给侧结构性调整。我国农业和农村的发展已进入了新的历史阶段，农业的主要矛盾由总量不足转变为结构性矛盾，矛盾的主要方面

---

① 黄良伟，文杰，周发明，杨泽良. 农业供给侧结构性改革的背景与理论依据 [J]. 农村经济与科技, 2017, 28 (23): 33 - 34.
② 江小国，洪功翔. 农业供给侧改革：背景、路径与国际经验 [J]. 现代经济探讨, 2016 (10): 35 - 39.

在供给侧，必须深入推进农业供给侧结构性改革，开创农业现代化建设新局面。农业供给侧结构性改革的主要内容是"调整+改革"农业产业结构，简言之就是一个"调"，一个"改"。具体而言，农业供给侧结构性改革就是要以增加农民收入和保障有效供给为主要目标，以提高农业供给质量为改革方向，以体制创新和机制创新为基本路径。①

可见，农业供给侧结构性改革是供给侧的结构出了问题，进而要求对农产品的供给结构进行调整和改革，但是，我们必须将农业供给侧结构性改革置于农村整体发展的系统性视角来思考，农业供给侧结构性改革是农村改革中的重要一环，它不只要求实现产业结构调整和产品质量提升、成本降低等经济上的指标，更需要从新时代乡村振兴的视角上来思考农业供给侧结构性改革的生态、社会、文化等方面目标。

（二）优化产品产业结构改革，实现农业产业兴旺的目标

第一，进一步提升农产品的质量和安全水平。首先，需要进一步提高国家对农产品原产地生态环境的保护水平，以有效规范现代农业的生产经营过程，使得现代农业生产投入品的质量符合国家相关规定。严格农兽药残留控制标准，进一步增强对于非法食品添加剂的打击力度②。其次，农产品及有机食品安全的标准管理体系需要更为健全，农产品及有机商品的商标注册便捷和安全程度需要进一步提升，品牌信誉保护的能力也需要进一步增强。同时，要逐步提升农业有机产品的国际知名度和美誉度，力争获取更多的国际有机产品认证。最后，农产品的安全质量监管和安全体系需要更为健全，对其的抽检力度也需要进一步规范和加强。健全对农产品质量全程追溯的服务，规范和完善与农产品的质量安全保障工作有关的政策和法律。

第二，重点培育和发展优势传统特色产业。首先，力争将一些地方原有的土特产品牌升级打造成为国际知名品牌，将其优势特色传统农产品标准化提质增效，将中低水平农产品和具有明显特点的优势农产品进一步扶植发展成为中高水

---

① 施维，张凤云. 20个中央一号文件概要（1982~2018）[N]. 农民日报，2018-12-07.
② 王海莲. 供给侧改革背景下纾解农村土地流转的对策[J]. 乡村科技，2017（13）：25-26.

平的土特产品牌。其次,改变原有企业小规模经营,推广规模化、标准化的生产,并在各地成立示范企业和区域,带动更多地方传统农产品企业进入传统特色品牌类领域。最后,当传统农产品标准化提质增效后,相应配套的销售服务主体也需要进一步提升自身水平。更多地引入电子商务,进一步建成国家级电商服务特色产业示范园区。[①]

(三) 推行绿色生产方式,构建生态宜居环境的目标

第一,逐步改善农业生产环境。定期开展耕地土壤检测,治理已经污染的农耕土地。制定耕地轮休制度,并适当颁布合理补助措施,以进一步增加土壤有机质,加大土地保护与修复力度。除此之外,草原和河湖亦应该实行休养生息政策。

第二,扩大农业清洁生产覆盖面积。不断提升有机肥料使用面积,持续减少化肥施用面积,逐步实现有机肥料对化肥的全面替代。除此之外,逐步提升畜禽粪便集中处理程度,并建立大型沼气池。对仍旧使用农药化肥行业实行高强度监管,并对其产品标准进行严格规范,减少农业经营成本及对农业环境污染。

第三,尽快完善农业节水工程建设。改造一批较为陈旧的灌排工程,同时建设一批现代化水平更高的灌排工程,执行规模化灌排。提升喷灌、滴灌等技术普及度和水肥一体化普及度。除此之外,对于农业用水价格进行改革,并对相应节水主体进行绩效考核[②]。

第四,发展乡村旅游产业。除了正常地发展农业粮食生产、加工和旅游产业外,还需要大力扶持和开发特色农业和乡村旅游业。对于那些具有一定经济条件且可以进行乡村旅游业综合开发的农村和地区,提升和增强其农业、林业与观光旅游、养生等乡村旅游产业发展。另外,在大力发展特色旅游业的同时,也应当大力发展农副产品的深加工和销售产业,充分发挥"旅游+"经营模式的社会经济效益和生态效益。当然,对于严重威胁农村食品安全、环境资源保护、消防

---

① 杨玉珍. 农业供给侧结构性改革下传统农区政策性土地流转纠偏 [J]. 南京农业大学学报(社会科学版),2017,17(5): 79-87,153.

② 王思雨,郭素芳. 供给侧结构性改革视角下的农村土地流转 [J]. 安徽农学通报,2016,22(10): 29-30,42.

安全的乡村旅游问题，应当尽快建立起相关保护体系，以有效支撑我国农村旅游业的持续健康发展。

(四) 提升农民素质，打造文明乡风软环境的目标

第一，重视农村人才资源队伍建设。随着新型现代化农业的进一步发展，新型农业经营主体应该得到充分的培育，农民的生产力和职业技能水平应该大幅度提高，对农民工职业培训给予充分的时间和资金支持。各级政府、企业和各个社会主体都应该积极参与到对农村人才资源队伍的开发和培育过程中，提供更为专业有效的人才资源实时服务和培训，高度重视对农业职业经理人和新型职业农民的人才培养，优化农业生产经营人员结构。

第二，培养农民良好的生活习惯。农村生活垃圾处理更加规范，培养农民生活垃圾分类和生活垃圾再利用的习惯，逐渐摆脱垃圾乱放的习惯，逐渐形成生活垃圾集中处理的模式。当然，对于农村生活污水整治力度也应该加大，特别是改厕行动等。

第三，丰富农民精神文化生活。以一批新型基层现代化和综合性的文化服务中心建设为主要抓手，坚持做到文化传承和农民文化发展两不误，以优秀传统文化的浑厚精神力量打造和弘扬农民文化精神的新风貌，再燃乡村精神文明的新气象。同时农民自身也应逐步地远离不良生活习气，例如，农闲时期的赌博、迷信等活动。以农民健身体育广场、文化艺术大院为活动载体，同步提升精神文化生活水平与物质文化生活水平。

第四，文明服务乡镇数量和文明村质量双提升。文明村镇数量提升是对乡风文明的最好体现和诠释。文明村应致力于构建老人祥和、子女孝顺父母、邻里和睦的社会氛围，着力于建设优美宜居、和谐有序的文明公共服务村镇。因此，在进一步提升农民素质，改善农民的生活和文化环境，完善农村生态环境治理的同时，确保文明村镇数量不断攀升。将国家级、省级、市级文明公共服务村镇建设作为推进农村精神文明队伍建设和农村乡风文明提升的重要目标，在村内以"五好家庭"和"星级文明户"为主要荣誉目标，持续进一步优化和改善农民的精神生活和文化环境。

(五) 加强农村基础设施建设，创造治理有效且生活富裕的社会

第一，推进农村基础设施建设，提高农村公共服务水平。建设农村义务教育保障机制经费素质，培育一支具有高水平职业技能且始终具有强烈意愿奉献于农村职业教育的高素质乡村职业教师队伍。培养高水平基层卫生工作人员，进一步完善农村居民医疗保障和服务体系，全面普及农村居民医保全国联网和农村居民异地就医结算。加速农村公用电网改造，全面彻底地改造农村危房。

第二，加强农田基础设施建设。扩大中低水平产田改造覆盖面积，持续扩大高标准农田建设面积。增加重大水利建设投入，提升已有受损农业设施和水利工程修复和改造速度及程度。加大金融机构对高产农田的信贷力度[①]。

第三，打造宜居宜业乡镇。加强第一产业、第二产业和第三产业的融合，大幅度提升将农业、生产、文化、休闲、旅游合为一体的特色农业型乡镇规模和数量。加强对田园型农业的综合开发，积极地建设以田园型农民合作社经营为主要依托的特色田园型农业综合体。

(六) 提升农产品质量，满足居民高品质生活需求的目标

第一，满足居民对于多样化农产品的需求。常住人口城镇化比率的提升以及居民国民收入的提高，将持续增加城镇居民对于农产品的消费需求。居民过去解决温饱的需求已然被满足，相应地，现代城镇居民对于高品质的肉蛋奶等畜禽产品及蔬菜水果的需求不断增加。与此同时，居民对于农业加工品的需求也在持续攀升，诸如休闲食品、速冻食品等。基于以上现实情况，我国农产品供给必须进行相应结构调整，否则将影响城镇居民对于高品质农产品需求的满足程度，更将影响我国农业的发展以及农民的生计。

第二，满足城镇居民对于高品质农产品多样性的需求。我国城镇居民对于农产品的需求结构不仅发生了明显的变化，对于农产品的质量也提出了明确要求。目前我国城镇居民对于农产品市场所供应的各类农产品的质量缺乏信心，而对于

---

① 高萌. 关于深入推进内蒙古农牧业供给侧结构性改革的思路建议［J］. 北方经济，2017（2）：33-35.

各类绿色食品及有机食品的需求比较高。因此，必须从农产品的供给端入手，对我国各类农产品的生产、加工、流通等各个环节都要进行多样性质量监控，以进一步提升我国城镇居民对于我国各类农产品的供给结构和质量的满意度和信任程度。[①] 综上所述，只有从现代农业的供给侧结构性改革入手，方能真正满足我国城镇居民对各类农产品多样化的需求，以及对高品质特色农产品的需求。

二、土地流转是农业供给侧结构性改革的关键因素

农业供给侧结构性改革是指从消费者角度调整农产品供给结构，以解决农产品的供求失衡问题。农业供给侧的结构性调整必须在规模化经营基础上才能更好地实现，无论是调整农作物种植种类，还是进行产品技术创新、进行农产品品牌化建设、降低农产品成本等，只有实现规模化经营，产生集约效应，才能有效促进农业供给侧结构性改革目标的实现，而农业规模化经营就必须在农村土地流转的前提下才能实现。如去库存的首要任务是新建农业经营主体以调整经营结构、优化经营体系，进而带动农业产业体系、生产体系的完善以助推供给侧结构性调整；降成本的根本措施是以土地经营规范流转推动农村土地规模经营；补短板的关键步骤是推进土地制度改革，放活经营权流转继而提升土地要素的流动。农村土地流转是促进农业供给侧结构性改革的核心因素。

（一）农村土地流转扩大农业有效供给，契合农业供给侧结构性改革目标

基本农作物的供给结构性失衡，需要调整和改变农村土地的种植种类。但是在我国一家一户的小农经营方式下，农户虽然可以决定自己种植农作物的品种，但基本上也是由种植习惯所决定的。改变种植农作物的品种，需要转变具体的劳动方式，需要学习和应用新的农业技术，这对于分散经营的小农经济则难以实现，即使农民意识到改变农作物种植种类，能实现农民增收，但技术、种子、化肥等要素方面并不具备这种条件。因此，要想实现基本农产品的供给市场需求的

---

① 郭天宝，周亚成. 供给侧改革背景下农业结构优化对农民收入的影响 [J]. 当代经济研究，2017，261（9）：80-87.

对接，靠一家一户的分散经营很难实现，必须通过一定规模化经营，才能具备调整农产品结构的条件。同样，增加农产品的价值链、实现农产品品牌经营、发展互联网+农业、农村一二三产业融合发展等农业供给侧结构性问题，同样依靠小农经济难以实现，需要在规模经营的基础上来实现。农村土地规模化经营，需要由土地流转来推动和实现，农村土地流转能够有效帮助农村土地流入方按照土地市场需求的导向来进行土地种植和农产品加工经营。换言之，土地的流入方对于农村土地的综合利用需求，是在明确土地市场需求的导向之下进行流入。而在合理的土地流转之下，农村土地流入方在资源的合理配置效率和成本缩减上均得到明显改善。基于此，农业的产出更为充分，符合了居民对于土地和农产品的综合利用需求。农业供给侧结构性改革的主要目标均在于有效改变不合理的土地和农产品市场供给结构。农村土地的流转培育了新型的农业生产经营主体，增加了新型农民收入，极大改变了我国农产品市场供应的结构，这必然也会成为我国农业供给侧结构性改革的重要发展路径。

（二）农村土地流转"去产能"及"去库存"功效，符合农业供给侧结构性改革任务

农村土地流转有效改变了农产品种植结构，减少了供给过剩的农作物种植，故而缓解了农业产能严重过剩的问题。同时，农村土地流转能够整合现有土地资源，并改善相应生产条件，能够针对具有较大差异性的农村土地条件进行多元化的土地种植。农村土地流转能够有效促进耕地的用养结合，从而有效改善农产品的质量。特别是对于一些自然生态脆弱的地区，能够有效实施"休耕轮作"的制度，进而有效促进现代农业的可持续发展。当前我国的农业供给侧结构性改革的重要任务和目标就包括"去产能"及"去库存"。然而，一方面，我国的粮食生产总量不断攀升；另一方面，生产和进口优质粮食的数量也在持续提高，但是人们对于农产品的差异化需求却越来越多。而当前农村土地的流转则是能够做到总体上合理规划调整农业生产和供给结构，促进农村三产融合发展，增加农产品高端供给，增加农民收入。

(三) 农村土地流转"降成本"功能,适宜农业供给侧结构性改革重点的突破

农村土地的流转双方加快了资本下乡的速度,进而促使更多专业技术人员加入农业生产,提升了农产品质量,促进了生产的标准化,有效降低了农业的生产成本。同时,农村产权交易平台的发展,有效帮助农民及时掌握更为完备的农产品信息,减少了信息不对称的问题,使土地的流转双方能够处于更为平等的市场交易位置进行谈判,故有效实现了进一步降低土地流转双方成本的目标。而农村土地流转双方能够有效实现规模化的经营,提升了农产品质量,促进了经营生产过程的标准化,增加了农产品规模化生产的产量,降低了农产品在国际市场的价格,提升了农产品在国际市场上的知名度和竞争力。[①] 农村土地的流转也可以有效减少农村土地中介管理环节的成本。综上所述,农村土地的流转已经可以有效地达成"降成本"的目标。而我国农业供给侧结构性改革的主要工作重点之一,即为有效降低农业的生产成本。而由于农村土地流转后的农村土地生产经营规模扩大,农业生产经营主体科技的创新大幅度投入,所生产农产品出口结构的大幅度优化,农产品质量和价值链较大的改善和提升,均有效地降低了我国农产品的生产成本,从而有效地推动了我国农业供给侧结构性改革。

(四) 农村土地流转培育新型农业经营主体,契合农业供给侧结构性改革方向

农村土地流转促进了种植大户、合作社企业及其他经营主体等多种新型农业经营主体的培育,增加了农民对从事现代农业生产的兴趣和积极性。同时,农村土地流转的开展促使生产经营主体可以自由地选择更为多元化的身份,农民可以依据自身的现状直接成为新型农村种植土地的大户,亦可以直接成为新型农村合作社的经营者,新的农民身份可以进一步提升农村土地的产出率,并进一步提高农民自身生产经营的收益。换言之,农村土地流转的开展将使得现代农业以更为

---

① 江维国,李立清. 我国农业供给侧问题及改革 [J]. 广东财经大学学报,2016,31 (5): 84-91.

集约、规模、专业的生产方式进行,农民也将逐渐告别传统的生产方式,投入更多的新农业技术,推广和开发更多的新农业品种,以进一步提升农产品的质量,从而基本实现了由传统的农民向新型现代农业生产经营主体的转变。而这也是我国的农业供给侧结构性改革的重要内容和目标之一,即培育出更多的新型现代农业生产经营主体,增加人力资本的投入。① 因此,不管是新型农业经营主体的培育,还是新型农民的培育,都要以农村土地流转为前提。

第二节 农村土地流转对农业供给侧结构性改革的作用路径②

一、调整农业结构,推动农业供给侧结构性改革

(一)农村土地流转改变农业经营方式及农业生产结构

1. 农业经营方式的改变

改变农业经营方式既是为了适应当前我国特色现代农业的改革形势,也是为了践行中国独具特色的现代农业发展之路。基于当前的现实情况,我国特色现代农业的发展虽然已经进入新的阶段,但是由于农户的专业化发展水平低、高度零散等结构性问题,已经逐渐成为我国现代农业建设与改革发展过程中的一个重要的制约性和决定性因素。③ 随着产业化、信息化、国际化等快速推进,各类新型

---

① 林乐芬,金媛. 农村土地流转方式福利效应研究——基于农村土地流转供求方的理性选择[J]. 南京社会科学,2012(9):74-79.
② 兰玲,李清,王金娟. 农村土地产权交易市场现状与对策——基于吉林省的研究[M]. 北京:经济管理出版社,2018:55-71.
③ 孙源. 以土地流转促进农业供给侧改革发展研究——以安阳市殷都区为例[J]. 乡村科技,2018(3):11-12.

特色现代农业的经营主体逐步出现，这些结构性的变化均直接要求不断创新和完善现代农业的经营方式。

农村土地流转将从以下几个方面变革农业经营方式：

第一，农村土地流转有效促进了我国发展农业适度规模经营。我国的上海松江区和黑龙江省便是实现了农业适度规模经营的重要典范，它们在农业政策的指引、服务的规模化及加快发展现代农业科技等一系列政策的支持和驱动之下，发展日趋成熟，实现了农业适度规模化的经营，也与我国农村劳动力转移现实相适应和契合。

第二，农村土地产权流转的重点是深化变革完善农村的集体产权制度，增强集体经济的社会服务功能。完成农村土地产权流转后，农村集体经济将从根本上发挥更好的直接服务集体经济功能，通过因地制宜、分类政策指导，将国有资产、资金与其他公共资源相结合，实现统一的利用和管理，不断推进农业生产经营方式的创新。

第三，农村土地的流转能够有效促进新型农民专业合作社的发展和建设，便于培育和发展适合农村的专业土地合作化组织，也便于地方政府通过相关产业政策的扶持和行业规范的引导，有效促进新型农业合作社的建设和发展。同时，农村土地的流转在优化和调整新型农业的经营主体结构时，将有利于促进新型农民人才的培育，有利于培养一支具有高素质经营主体的团队，壮大高素质农业人才队伍，这些新型的农业开发和经营主体将会发展成为新型农业体系的支柱和核心推动力量。

第四，农村土地的流转能够促进农业的产业化规模经营、结构调整及农产品升级。通过农村土地的流转能够有效吸引新型农业生产经营活动主体的加入，能够充分发挥对农业中龙头产业的优势辐射和带动作用，便于建立和完善农业利益双方联结机制及农业管理制度体系建设，重视和应用农业科技的创新和农业技术的进步，优化产业布局，最终保证农产品的质量和安全，使农业得以进一步发展。

第五，农村土地的流转有利于政府推进并完善与农业相关社会化服务，有利于政府加强农业社会化服务体系建设，也便于进一步创建一个面向市场的多层次和多形式的服务体系，完善高效、便利、综合的新型社会化农业综合服务体系。

农村土地的流转也有利于地方政府推进并完善相应农业服务体系，便于建立统一的多种形式的农业社会化公益性和综合经营性社会组织，这将健全农业社会化服务体系，使其对农业服务覆盖范围更广且更加高效。

农村土地流转主要通过以上方式改变了我国传统农业的经营方式，实现了传统农业的长期规模化经营。通过以上策略，将有效促进对农村土地的长期利用和流转，以快速实现我国农业规模化经营。当传统农业经营方式实现了规模化经营后，农产品供给的稳定性和质量方可持续提升，农业规模化经营的成本方可进一步降低，最终从根本上改变农产品供给结构，实现农业供给侧结构性改革。

2. 农业生产结构的改变

粮经饲统筹的现代农业的发展已经被认为是大势所趋，特别是在我国已经完全具备较强现代粮食生产能力的市场经济条件下，国家已经先后出台了多个政策文件以大力促进我国各个农业经营主体结构的调整和优化，主要目的体现为支持和鼓励各个现代农业的经营主体统筹粮经饲发展，以从根本上实现我国现代农业的统筹发展，将"粮食—经济作物"二元种植模式逐渐转为"粮食—经济作物—饲料作物"三元种植模式。[①] 目前我国现代农业粮食生产的结构性失衡问题仍然比较突出，原因主要表现为我国稻谷的供应较多，玉米的供应产能过剩，大豆与饲料供需差距不断增大。油料、棉花、糖料等作物的国内饲料产品价格与国外饲料作物价格差距较大，进口的幅度不断增加，生产不断减少。高质量的饲草相对供应短缺，因而饲料进口量不断增加。根据目前我国的现实情况，当前我国对饲料的实际需求量大约是目前人们对食物需求量的3倍，而玉米接近3/4被用于饲料。我国现阶段农业结构使生产和需求出现严重错位，因此必须统筹粮经饲生产布局，使种养业进入良性循环状态。

首先，农村土地流转既有助于促进农业粮经饲的统筹，也有助于种养业发展进入良性循环，以践行"大粮食、大食物"的理念。经过农村土地流转，便于对农业粮食经营进行统筹规划、合理布局，能够有效调整和优化粮食的结构，提高农业粮食生产的效率，稳定农民的生产经营收益，促进产业的转型和升级，保

---

① 王海莲. 供给侧改革背景下纾解农村土地流转的对策[J]. 乡村科技，2017 (13)：25 - 26.

证我国的粮食安全。经过农村土地流转，农业规模化经营能够从消费者需求方面进行引导，以消费者效益最大化为中心，对农业粮食经营进行整体科学规划，推动农业统筹粮经饲试点，应用新农业技术，提高粮经饲统筹水平，完善产业服务体系。

其次，农村土地流转便于进行农业统一规划，推进种养加一体化，使农村种植业、养殖业、农产品销售和加工业协调发展。农村土地利用和流转推进种养加一体化主要体现在以下几个主要方面：

第一，农村土地流转可以吸引多种新型主体加入现代农业的经营。例如，可以吸引大型企业对农产品后期进行深加工，企业可以将其建立于一个能够进行大规模农村土地流转的村庄，进行就地生产加工。通过引进先进农业生产加工设备，对农产品进行前期规模化生产的同时，进行后期精加工与深加工，延长产业链。同时，便于村集体组织对大型企业的发展进行激励和政策引导，帮助其他企业加大对科技的投入，创建自主研发农产品的品牌，提高村集体企业的竞争优势，最终也一定能够有效保障农产品的出口和农民收入的稳定。

第二，农村土地流转有利于将企业和全体农民之间的各种利益关系进行有效的捆绑，实现共同发展。通过农村土地流转，企业作为新型经营主体可以直接加入共享农业，反过来也可鼓励企业实行利润返还、股份流转分红等多种方式，直接让利于全体农户，或者鼓励企业带动共享农产品的发展，实行标准化批量生产，最终更好地实现农业共享产品增值所带来的收益。

第三，农村土地流转有助于推进农业种养基地的规模化建设，夯实种养加发展经营一体化的基础。农村土地经过流转，可以进行标准化管理和规模化生产经营，推进生猪和牛羊由散养模式转变为适度的规模养殖，也便于对农业养殖场经营主体进行升级和改造，完善技术配套和基础设施，实现农牧循环产业化的发展经营模式，最终提高和增强农业养殖场经营主体的农业市场溢价和管理水平。

第四，农村土地经过流转，便于地方政府出台政策强化农业科技创新和产业化，深入落实和推进产业化发展扶持政策，加快和推动农业规模养殖产业化项目和标准化工程建设，并加快建立产业化示范区，加快和转变生产方式，提高农业生产经营管理水平。

第五，农村土地经过流转，便于对农业提供金融投资和信贷支持。地方政府部门可以统筹整合管理地方财政和惠农资金,加大对农业和产业化发展企业的金融投资力度。① 进一步创新金融产品与服务方式,支持一些商业性金融机构扩大有效的担保物发放范围,完善信贷发放机制。进一步提高对畜禽生产和养殖的补贴和投资支持金额,逐渐改变畜禽养殖贷款难的状况。

第六,农村土地经过流转,便于政府投入农业科技的支撑和服务。各级政府部门可以重点激励民营企业与大学科研院所等进行交流与合作,创建民营企业重点实验室和科学技术专业研发合作机构等,积极研发新技术产品,创新农业技术生产工艺。农业技术实力较强的大型农业生产经营主体可以重点开展对农业技能服务型专业人才的培养,提升绝大部分企业和农牧户的播种、养殖和管理农业技术的水平。

最后,农村土地流转后,农业生产资源可以形成规模化,打造和建立一批集种、养、渔、休闲于一体的农村生态循环型基地和示范农场,使农牧渔有机利用及结合,扩大农村生态循环效能,促进农牧协调可持续发展,提高农村土地排泄物的综合利用率。在进行农村土地流转前,贫瘠且系水力弱的农村土地排泄物有很大可能被闲置。但在流转后,可以再次加以综合利用,在场地中心的位置可以建设大型的养猪场,种植橘林和多品种的果树,新挖鱼塘,也可以在该场地建设大型沼气池、贮粪场等,这种做法同时还可以大大提高污水和畜禽粪便排泄物的综合利用率和沼气池的利用效率。除此之外,可以将污水和其他畜禽粪便排泄物发酵后产生的各种沼液、沼渣再次综合利用于果树的管理和种植,这种做法可大大降低肥料处理等各方面的费用和成本。而污水和畜禽粪便排泄物发酵后的沼液既可以直接用于养鱼,又可以直接用于种植蔬菜和水果,这样既可以大幅度提高果品质量,又可以提升种植效益,也帮助处理了畜禽粪便和污水。一体化农场可以继续发展和扩大农家乐产业链,可以继续建设和发展农家乐休闲观光旅游产业项目,吸引更多消费者到农村采摘新鲜的水果、蔬菜,从而增加农民的收益。② 故通过农村土地的流转,可以降低农业生产用药的成本、饲料的成本,提升农产品的品质,减少农业废物的排放,改善农村土壤的肥力,发展农村农副业,使得

---

① 田婧. 供给侧结构性改革背景下的农业现代化研究 [J]. 经济管理(文摘版),2016 (6):116.
② 刘晓峰,刘畅. 农业供给侧结构性改革视角下的土地流转问题及对策 [J]. 对外经贸,2017 (4):118–119.

农业经济发展形成了一个新的可持续发展系统。

由此也可以充分表明，农村土地流转能够帮助农牧渔业与工业实现有效的结合，促进农业资源的循环合理利用，能够从根本上做到以社会主义市场经济为政策导向，培养大量的专业技术人员，对农业进行合理的产业规划和布局，优化内部的资源配置。

（二）农业结构的变化推动农业供给侧结构性改革

农村土地流转有利于现阶段的农业供给结构调整，进而改善我国现代农业的供给，主要包括品种结构、品质供给结构及农产品供给的区域结构三个方面，最终进一步推动我国现代农业的供给侧结构性改革。

第一，农产品供给的品种结构的改善，推动我国农业产品供给侧结构性改革。当前我国农业最主要的结构性问题不是绝对品种和总量的过剩，主要问题体现在我国农产品供给的结构性矛盾。基于调整玉米的品种和产量，通过"粮改豆、粮改饲"的方式控制玉米生产，促进供求平衡。[①] 基于短期内的化解农产品库存和长期内的产业结构优化调整相结合的手段和方式，将进一步推动我国农业的供给侧结构性改革。

第二，农产品加工品质的升级，助力农业供给侧结构性改革。根据这个改革思路，从社会和国家的整体利益出发，农产品加工业产量与品质都将得以提升。玉米的产量被阶段性调减，大豆的产量被调增，牛奶的质量被大幅提升。可见，从农业的供给侧结构性改革入手，增加绿色环保农产品和有机安全优质特色农产品的供给，减少一般品质农产品的数量供给，促进由实现数量生产为主转向实现数量质量并重的转变，较好地完成农业供给侧结构性改革的任务。

第三，农业的供给侧模式和区域的结构性改变，促进我国现代农业供给侧结构性改革。当前，我国的农业经营者面临的是来自国际农产品市场和进口农产品的有力价格竞争，我国的农业经营者急需通过改变农业发展模式，调整生产区域的结构和农业供给区域的布局，缩小与国际农产品的价格差距。除此之外，我国的农业一直都处于"增产不增收"的发展困境之中，一直困扰着当前我国现代

---

① 刘畅. 黑龙江省供给侧改革视角下土地流转政策研究［D］. 哈尔滨：哈尔滨商业大学，2017.

农业的持续快速发展。① 目前由于我国农业和经济发展面临一个转型期,而在这个转型期内,我们需要树立大规模发展农业的观念,整合农业国土资源,全方位开发农业资源,有效改变我国农产品供给的区域。这便于从推进农业供给侧入手加快调整我国现代农业的结构,也便于有效解决现阶段我国现代农业的发展困境。我国农业供给侧结构性改革可以进一步加速我国现代农业的结构性转型和升级,促进当前我国农业和经济的持续较快健康发展,最终能够使得农民实现增收,提高农民的生活质量水平。

二、促进制度创新,激发农业供给侧结构性改革

(一)农村土地流转推动科技创新激励机制改革,助力农业供给侧结构性改革

我国农业发展需要尽快完成对农业的科技体制和机制的改革,完善和建立一系列激励推动和保障机制,发挥科技创新对于农业发展的巨大推动作用。从对我国实际情况的分析可以发现,我国农业对科技创新的激励、保障机制主要涉及鼓励农业科技人员在农业上做实验和发表论文取得相应的成果,但是将实验成果转化为有效解决农业现实问题的手段和能力仍然还有待进一步的开发。若想有效推进当前我国农业供给侧结构性改革,必须尽快改变这一农业发展现状。②

第一,农村土地流转可以有效推动我国科技创新激励体制改革,进而充分发挥科技在我国农业供给侧结构性改革进程中的重要保障和推动作用。我国农村土地流转的发展使得科技在农业方面的大规模应用成为可能,规模经营被认为是科技在农业供给侧结构性改革中应用的一个重要前提条件。企业是农村科技创新的活动主体,具备较为完善的科技创新激励机制和科技创新激励体系。农村土地流转后,更多的企业科技人员进入了农村。因此,鼓励企业科技人员进行农业科技

---

① 刘改玲. 推进农村土地流转实施乡村振兴战略 [J]. 环球市场信息导报, 2018 (17): 13.
② 刘晓峰, 刘畅. 农业供给侧结构性改革视角下的土地流转问题及对策 [J]. 对外经贸, 2017 (4): 118 - 119.

活动创新，可以解决农业发展的实际难题；在促进企业农村土地流转后，也可以通过市场衡量企业科技人员的能力和贡献，有效建立起与企业相关的激励约束机制，进而充分发挥科技在我国农业供给侧结构性改革推进过程中的保障作用，尤其是在提高农产品品质、降低成本方面的引导作用。

第二，农村土地流转可以使政府统一引导农村金融投资重点向贫困农村倾斜，便于充分发挥政府的金融投资支持作用。在农村土地流转后，政府及与农业相关的主体部门可以统一协调推进并完善一套适合于农业和农村经济发展特性的农业金融体系，有效降低金融支持农业生产经营的成本，助力农业供给侧结构性改革"降成本"目标的实现。农村土地流转也可以使地方政府进一步加大对农业的财政投入和保障，加大对农业的扶持和补贴力度，优化农业补贴政策支持的方向，提升农业补贴的效果与水平。地方政府也可以统一制定农村发展规划，加大政策引导，多角度统筹整合涉农资金。[①]

第三，农村土地流转促进农业新科技的应用，便于发挥新科技在农业供给侧结构性改革中动力的作用。农业新科技的应用能够将产、学、研、用进行融合，形成农业技术协同创新，最终构成一个既包含开发，又包含竞合的运行机制。农村土地流转后的新科技应用，有助于对新优质高产农产品品种的引进与开发，以提高良种的覆盖面积。这种以种业创新为先导，最终实现种业创新带动农业发展的策略，将从开端处优化农业结构。[②]

第四，农村土地流转后的经营有利于促进现代农业互联网技术在我国基层农业的应用和推广，便于充分发挥当前互联网农业技术在我国农业供给侧结构性改革进程中的重要技术支撑作用。完成农村土地流转后，可以充分运用先进的互联网农业技术强化其对于现代农业的支撑作用。在现代农业设备投入生产前，可以充分利用先进的互联网技术进行农业生产数据和资源的收集、农资供给状况科学化的预测；可以在现代农业设备投入生产的过程中，充分应用先进的互联网信息服务技术，实现智能农业生产和互联网技术信息服务；可以将先

---

① 孙源. 以土地流转促进农业供给侧改革发展研究——以安阳市殷都区为例 [J]. 乡村科技，2018 (3)：11-12.

② 许瑞泉. 经济新常态下我国农业供给侧结构性改革路径 [J]. 甘肃社会科学，2016 (6)：178-183.

进的互联网技术应用于现代农业生产后期的销售和物流环节，获取物流产品销售和互联网信息服务。农村土地流转后，规模化现代农业设备的投入经营可以加快农村互联网和电子商务的建设和发展，帮助更多的农业经营者形成线上和线下相结合的模式，加快农产品进城，促进农产品快速流通，更有效地满足消费者的多样化需求。

总而言之，农村土地流转能够进一步提升我国农业的科技含量，减少农业各项生产经营活动成本费用，提高农产品质量，从整体上进一步增强了我国现代农业的竞争力，形成我国农业供给侧结构性改革的强大动力。

（二）农村土地流转推动安全、卫生生产制度改革，助力农业供给侧结构性改革

我国在完善农产品安全、卫生生产、检测质量管理体系等政策措施方面已经有了一定的进步和发展，但与发达国家相比较而言，仍然还需继续改进和完善，因为其对于农产品安全、卫生信息采集和传递准确性都会产生重要影响。对于农产品检测质量安全、卫生方面，我国仍需要进一步加大资金的投入，一些对关键农产品检测的技术和设备仍旧比较落后，导致我们对个别污染物，特别是新的放射性污染物，尚未完全具备科学有效的农产品检测和监控方法，这将直接导致我国的农产品安全、卫生状况不能被准确地反映。而农产品监控与质量安全检测体系也处于一个严重缺失的状态，各个部门之间的工作缺乏配合，农产品检测和质量安全监控体系重复建设、投资类似，最终导致对农产品的检验和生态环境的监管工作不到位、不及时，公共卫生领域的突发事件往往更是无法得到快速反应。整个农产品安全卫生质量检测体系内部的专业检测技术人员少，综合型的专家与相关专业检测技术人员更是严重缺乏，这些均会对农产品信息采集的数量与质量安全产生严重的影响[1]。

农村土地流转将通过以下几个方面推进对农产品安全、卫生生产管理制度的改革，进而助力农业供给侧结构性改革。

---

[1] 高雅，刘玥. 供给侧改革背景下的农村土地流转问题——以内蒙古地区为例 [J]. 农村经济与科技，2018，29（17）：7-11.

第一，农村土地流转后，农业实现规模化和专业化经营，可以扩展农业产业链，进而政府可以帮助企业实现规模化农产品产供销经营各个环节信息供给，以帮助企业增强农产品信息传递的能力和积极性。农村土地流转也便于政府大力支持规模化企业经营农村土地，政府帮助企业统一减免土地税费，同时可以加强对信贷的支持，政府资金可以为规模化农产品供给的组织经营创造良好的农业外部环境。农村土地流转后，也可以对农业规模化经营的大户和企业进行统一的培训，以帮助企业提升农业经营人员的综合素质、农业经营管理水平，进而帮助企业加强自身的组织建设。

第二，农业土地流转后，形成多种新型企业经营主体，更多新型农业经营企业的加入，有助于形成诚信品牌，产生更多便于政府规范使用的农产品标签，以规范农产品信息发布和传递的主要载体。同时，政府也可以对市场销售农产品经营企业的行为进行规范，帮助企业形成诚信品牌。可以加强对消费者意识的培训与宣传，对市场销售农产品的标签使用核查管理制度，加强对农产品市场的监管，加强来自政府和社会的市场监督，鼓励全民参与等。

第三，农村土地流转后，便于进行规范经营，以完善信息传递外部机制。可以增加对农业及农产品检测信息采集的资金，以提高信息采集能力。政府或者相关主体可以整合当前农产品监测资源，改进检测体系。政府可通过建立与农业相关的网站，逐步扩大农业信息公布的渠道。政府作为一个权威、高效的农业信息公开发布的主体，可以指导和完善农业信息的发布与交流。进行农村土地流转后，政府可以对本地农业的经营活动进行统一的监控，进一步建设和完善对农产品化学污染物和流行性疫病疫情的监控测量，也可以建立农业信息发布与交流平台，以有效监测和预防农业污染的发生。

第四，农村土地流转后，便于健全农业土地信息共享和可追溯的机制。新型的农业土地经营主体可以通过信息和数据共享的技术、编码信息处理技术、生物信息分析技术等，建立可追溯的系统。因此，农村土地流转能够有效推进农产品安全、卫生管理制度改革，改善农产品的供给质量及生产品质，进而助力农业供给侧结构性改革。

三、改变农民角色定位，助力农业供给侧结构性改革

（一）农村土地流转将传统农业生产经营者转变为现代农业生产经营者

我国已经从传统农业向现代农业转变，现代农业企业在我国发展速度较快，规模不断扩大，其在国际市场的竞争力也明显增强，但与国际上其他的农业企业比较而言，我国的农业企业仍亟须改进，以缩小差距：首先，因为我国各个地方现代农业资源存在较大差异，各地区现代农业发展水平也有所不同，导致我国农业企业在各个地区和行业之间分配不合理，食品生产加工、制造农产品的企业偏多，服务于农产品类的企业偏少，地区与农业经营品牌的分布不均衡，农业企业的品牌主要集中于东部，而中西部则相对欠缺优秀的农业企业及品牌。其次，尽管我国从事现代农业的企业品牌数量不少，但是其企业规模较小，实力较弱，导致其抵抗社会自然风险与应对市场经济风险的能力比较差。再次，我国的农业企业从事规模经营的成本比较高，而我国农业技术水平相对较低，标准化、规模经营的程度较低，这严重影响了我国农业经营企业的实际获利和竞争能力。最后，我国农业经营企业近几年发展态势良好，出现了一些品牌，但是国际知名品牌仍旧比较匮乏，这严重影响了我国农业经营企业在国际市场上的竞争力。同时我国现代农业建设和发展的经济基础和环境也有待进一步提高，农业生产资源的占有量明显不足、农业的生产与经营管理制度不相适应、农业生产技术的供给不足等一些问题仍然需要重视和解决。

针对上述问题，农村土地流转后，有利于促进现代农业经营主体的发展，以资本市场为经济导向发挥作用、因地制宜、合理布局，农村土地流转也有利于促进现代农业龙头企业做大做强，引进创新型现代企业生产管理经营方式和先进的现代科学生产技术，实施绿色农业发展战略、品牌战略、联盟发展战略和现代农业国际合作战略，生产一系列绿色生态健康农产品，形成绿色农业知名品牌，也便于政府引导农业经营主体继续大力进行绿色农业的延伸和资源整合，提高现代农业经营主体的技术水平和绿色农产品质量。农村土地的流转便于政府支持现代农业经营主体积极发展精深农产品加工、农林牧渔综合服务和特色现代农业。同

时，政府也可以从宏观层面引导企业对区域性产业布局的指导，引导现代农业经营主体根据本地实际发展情况，经营本地优势产业，形成现代农业区域集中规模化经营。农村土地流转可以均衡现代农业主体企业与经营农户之间的利益分配，帮助现代企业经营主体增强品牌意识，进一步提高现代农业经营主体的国际地位和市场竞争力。农村土地流转也便于农业企业扩大融资渠道，增强自身竞争优势。以上举措，均能有利于传统的农业生产经营者向现代农业生产经营者的转变。

(二) 农村土地流转将传统农民转变为新型职业农民

传统农民从事和经营农业主要是为了谋求生存；而现代职业农民则被认为是新型农民中一分子，是传统农民自愿从事和发展农业，并且从事农业生产的经营者被视为一种特殊的职业，最终不仅可以满足生存需要，也可以通过发展农业谋求利润最大化，是一批具有较高科技和文化素质的新型农民群体。

我国农村劳动力综合素质普遍相对较低，某种程度上导致了我国现代农业水平与其他世界发达国家的现代农业水平相差较大。因此，需要积极培育现代农业和农村现代化发展所需的新型现代农业技术人才，提高农村劳动力资源供给的质量。目前由于我国还没有专业培训农村劳动力的机构，农民本身的综合素质文化水平较低，而对农民进行培训的经费投入也较少。因此，为了追赶世界发达国家农业水平，必须要培养新型农民。

农村土地流转将进一步刺激新型职业农民的产生，农村土地流转也将进一步壮大新型职业农民的规模。第一，农村土地流转，促使新型职业农村劳动力从原有的土地中解放，进一步促使其向农村和城市地区转移。农村土地流转后，为了使农业获得更好的发展和更高的经济效益，新型职业农民将进行真正的农业生产经营，原有的农民将自发提高自身从事农业生产经营的技能。第二，农村土地流转后，便于政府对农民和创业者进行正规的职业培训，帮助其快速成长为一个真正的在农业生产经营领域里的优秀创业者。因此政府制定了农业领域的生产经营创业意向计划和创业者扶持体制，使大量农业领域的创业者和潜在创业者群体得以加入新型职业农民的队伍。第三，农村土地流转后，农民成为职业农民，可以实施职业农民注册认证制度。便于政府统一对职业农民进行教育培训，也易得到农民自身及社会对于农民职业身份的认同。农民的素质和农业生产技能的提高,最终将直接提高农业土地的利用率和农业产出的效率。①

(三) 农民角色改变推进农业供给侧结构性改革

农村土地流转作为创造新型农业经营主体的重要途径,已经成为我国加快推进社会主义现代农业城镇化发展的一个关键环节,也是进一步实现社会主义农业城镇化和供给侧结构性改革的基础和重要工作。目前,我国农业小农户、小规模分散经营比较普遍,这种现状不利于资源的整体优化配置,最终将导致我国农业整体效益低下。但是,随着农村土地的流转,农村富余的劳动力逐步从传统的农村地区转移至城市,范围扩展到非农牧业领域,流转后的农村土地将造就新型现代农业的经营主体,而新型现代农业角色经营主体更有利于其发展和实现对农业的适度规模经营,为其提高农业劳动生产率创造了有利条件。而农民经营主体角色的改变更直接降低新型现代农业适度规模经营的成本,延长我国农业安全产业链,最终充分发挥新型现代农业经营主体在新型现代农业供给侧结构性改革进程中的重要作用②③。

四、提高投入产出效率与质量,促进农业供给侧结构性改革

(一) 农村土地流转改变投入要素效率,助力农业供给侧结构性改革

农村土地流转后,便于新农业技术的发展和应用,农业经营者可以充分利用农业科技的进步和农业组织管理方式的创新,加快对节水施肥技术、测土配方施肥处理技术、病虫害防治施肥技术的研究和应用,实现对农业资源和生产要素的高效合理配置,实现现代农业低成本投入和高水平产出,构建一个绿色健康的农

---

① 鲁玉秀. 基于农民增收的土地供给侧改革探讨 [J]. 农业经济, 2016 (9): 83-85.
② 吴海峰. 推进农业供给侧结构性改革的思考 [J]. 中州学刊, 2016 (5): 38-42.
③ 陈锡文. 论农业供给侧结构性改革 [J]. 中国农业大学学报 (社会科学版), 2017, 34 (2): 5-13.

业生态体系。同时，农村土地的流转便于发展和培育大农业生态，可以充分挖掘传统农业的多元功能，将传统农产品的加工、流通和农业休闲旅游等农业多元功能进行有机融合，构建与农村自然资源环境条件相匹配的适合现代农业的生产经营管理体系、产业发展体系。农村土地流转也便于推动现代农业经营者转变传统农业生产和发展的方式，将传统农产品进行精细加工，大大拉长现代农业产业链、价值链。农村土地流转后有利于培育和发展更多新型农业生产服务市场主体，促进农业生产服务市场的发展，利于进一步挖掘和发挥现代农业休闲旅游生态的优势，因地制宜发展现代农业休闲旅游，构建现代农村旅游服务业的生态体系，促进旅游业与农村特色产业的融合协调发展。

因此。通过农村土地的流转，降低农村土地利用成本、劳动力生产成本、农业生产资料等方面的农业生产成本，通过农村资本市场的作用与国家对农业政策的调控，实施相应的农业补贴和扶持政策，能够有效保护广大农业生产者的利益和生产的积极性，并有效提高广大农村的集体经济利益，进而在生产环节推进农业供给侧结构性改革。

（二）农村土地流转提高农产品产出品质，助力农业供给侧结构性改革

我国出口农产品的附加值较低，尚未进一步形成农业企业自主研发的品牌，劳动密集型农产品的出口市场占有率和规模较大。实施农村土地流转政策有利于农业生产科学新工程技术的深入研究和推广，便于将新工程技术与现代农业生产有机结合，将农业技术转化为农业生产力，进而大大提升我国出口农产品的质量和农业国际市场竞争力，缩小与发达国家的贸易距离，适应我国农业消费转型升级的市场发展需要，助力我国农业经济实现供给侧结构性改革。目前我国农产品的贸易逆差逐年加大，这表明我国对国外农产品的依赖性越来越大。在众多农产品中，我国大豆对外依赖度最高。20世纪90年代，我国被认为是国际大豆市场上的主要大豆生产和销售出口国之一。但在1995年，这种状况开始发生变化，我国由一个净出口国迅速转变成为净生产和进口国。在这之后，贸易逆差逐年加大，大豆单产和进口量逐年快速增长。针对中国高品质大豆的单产水平低，与国外单产水平差距较大的这种现实情况，在进一步加强了农村土地开发和流转后，我国政府逐渐增加了对国产优质大豆的农业科研技术投资强度，以进一步提高国

产大豆的单位种植面积产量和品质，以提升国产优质大豆在国际贸易体系中的国际竞争力。

农村土地流转后，有利于促进我国农产品质量标准化建设，农产品的原产地、环境、时间等均能建立可追溯机制。因此我国在推进农村土地流转的基础上，可以积极推进我国农产品质量标准化建设，以更好地促进现代农产品的质量标准化，努力参与农产品国际质量标准的研究制定，以更好提升我国现代农业在国际上的影响力和地位。因此，农村土地流转在产出环节有利于提高和改变我国现代农产品产出的品质，进而有利于推进我国农业供给侧结构性改革（见图3-1）。

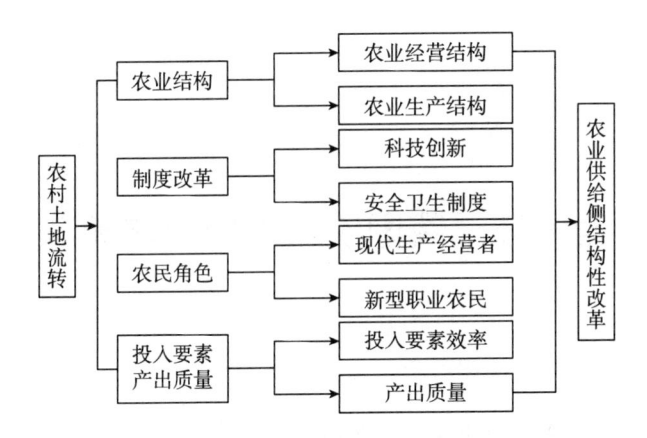

图3-1 农村土地流转驱动农业供给侧结构性改革模型

第四章
我国农村土地流转现状与质量评价

第一节 我国农村土地流转现状

一、我国农村土地发布量现状

根据"土流网"大数据中心的数据显示，截至2020年3月，我国已经累计发布土地49000万亩。从各个省份发布土地面积进行分析，区域发布面积前10名的分别是：贵州省、内蒙古自治区、山东省、河南省、湖南省、河北省、江西省、黑龙江省、辽宁省及山西省。由此可见，对土地流转的发布集中于中国北方及中部地区。

根据土地类型进行统计，所发布供应土地面积占比分别为：农业用地66%、工矿仓储19%、商业用地3%、住宅用地4%、水利水域用地1%、其他用地7%，如图4-1所示；所发布需求土地面积占比分别为：农业用地78%、工矿仓储3%、商业用地4%、住宅用地2%、水利水域用地1%、其他用地12%，如图4-2所示。由此表明，不论从供给角度，抑或是需求角度，对农业用地的供需占有绝大多数比例。

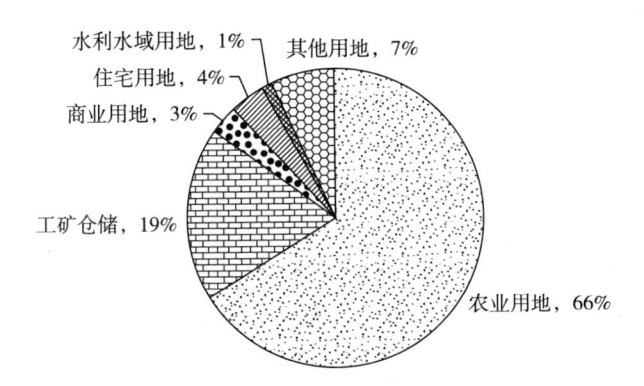

图4-1 各类型土地供应面积占比

水利水域用地，1%；其他用地，7%；住宅用地，4%；商业用地，3%；工矿仓储，19%；农业用地，66%

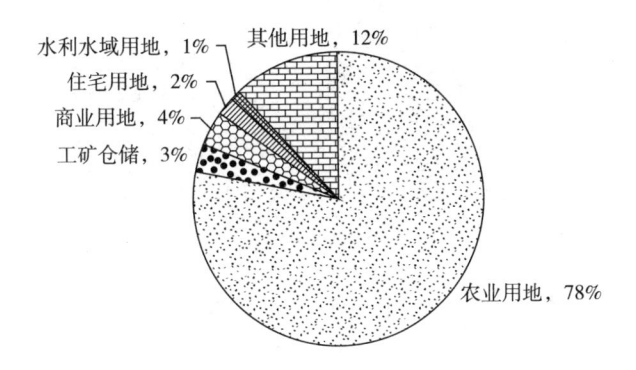

图4-2 各类型土地需求面积占比

水利水域用地，1%；其他用地，12%；住宅用地，2%；商业用地，4%；工矿仓储，3%；农业用地，78%

根据农村土地类型进行统计，所发布农业各类型交易供应面积占比分别为：耕地71%、林地19%、草地3%、养殖用地4%、园地3%，如图4-3所示；所发布农业各类型交易需求面积占比分别为：耕地54%、林地29%、草地7%、养殖用地5%、园地5%，如图4-4所示。由此表明，从供给和需求视角，耕地在农业各类型供需中均占有主流位置。

在我国发布的流转土地中，各种流转方式占比分别为：转让48%、出租40%、转包6%、合作5%、入股1%，见图4-5；按照地块面积进行统计，占比分别为：0~10亩15%、10~100亩34%、100~1000亩35%、1000~5000亩

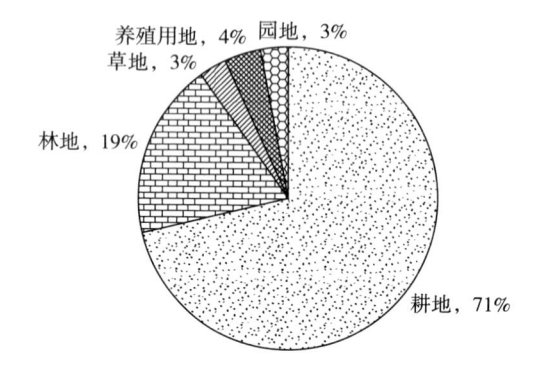

图4-3 各类型农村土地供应面积占比（交易）

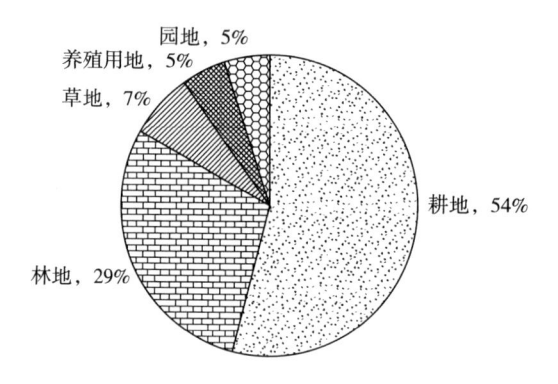

图4-4 各类型农村土地流转需求面积占比（交易）

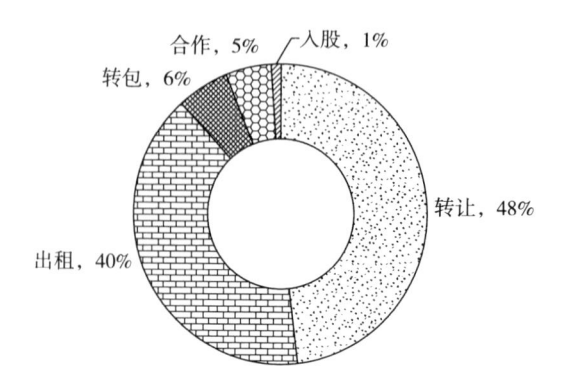

图4-5 发布土地流转方式占比

11%、5000~10000亩2%、大于等于10000亩3%，见图4-6；按流转年限进行统计，占比分别为：0~10年12%、10~20年17%、20~30年20%、30~40年6%、40~50年24%、50~60年2%、60~70年19%，见图4-7。据此得出结论：我国发布的流转土地中，流转方式以转让与出租为主，流转地块面积100~1000亩的最多，流转年限为40~50年比例最高。

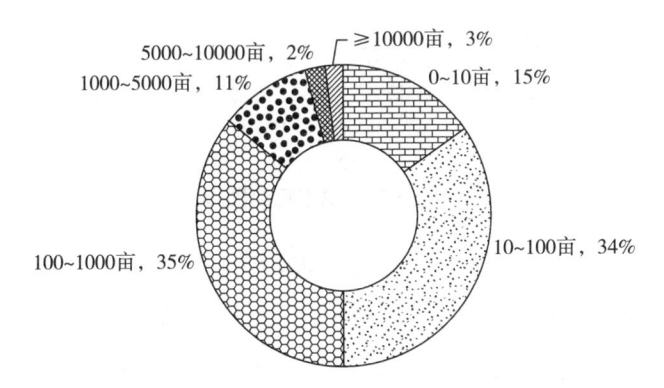

图4-6 发布土地流转地块面积占比

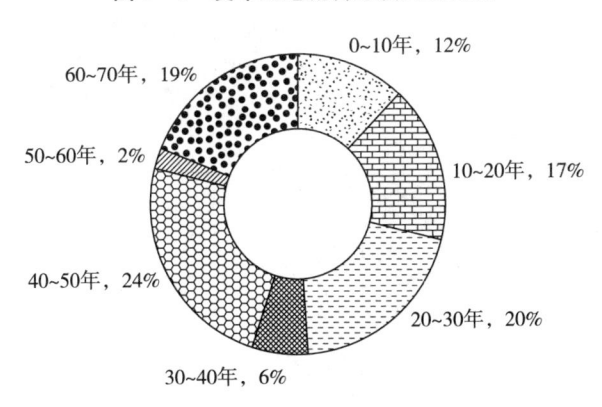

图4-7 发布土地流转年限占比

二、我国农村土地流转量现状

截至2020年3月，我国累计已交易土地达到12000万亩。其中，草地流转速度最快，其次为耕地、养殖用地及园地，如图4-8所示。从各个省份土地流转情况分析，区域成交面积前 10 名分别是：山东省、河北省、内蒙古自治区、广东省、北京市、安徽省、辽宁省、四川省、吉林省及河南省。

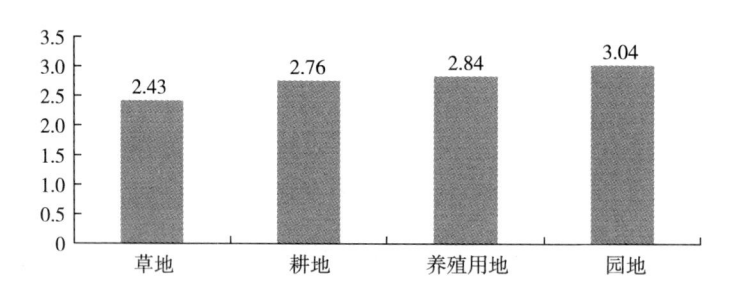

图 4-8 农村土地流转速度排名①

在我国流转土地中，土地各类型交易面积占比分别为：农业用地 53%、工矿仓储 27%、商业用地 6%、住宅用地 6%、水利水域用地 1%、其他用地 7%，如图 4-9 所示。由此表明，农业用地在土地流转中占比最高。农村土地各类型交易面积占比分别为：耕地 48%、林地 36%、草地 7%、养殖用地 6%、园地 3%，如图 4-10 所示。② 据此得出结论，农业用地中的耕地占农村土地各类型交易面积比例最大。

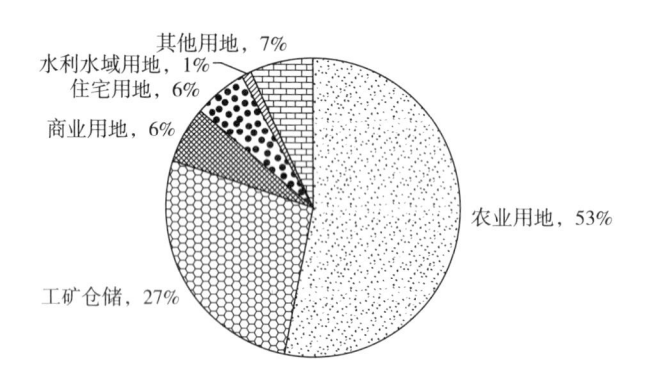

图 4-9 土地各类型交易面积占比

---

① 图中数值为相对水平，数据越小表示流转速度越快。
② 程恩富，张杨. 新形势下土地流转促进"第二次飞跃"的有效路径研究 [J]. 当代经济研究，2017（10）：55-61.

养殖用地，6%
草地，7%
园地，3%
耕地，48%
林地，36%

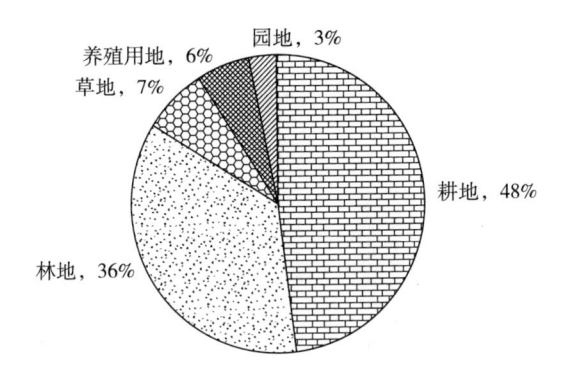

图 4-10 农村土地各类型交易面积占比

三、我国农村耕地流转量现状

根据"土流网"的统计数据显示，2010~2016年，承包耕地面积分别为127411万亩、127735万亩、131045万亩、132709万亩、132876万亩、134237万亩、136389万亩，如图4-11所示；承包经营农户数分别为22581万户、22884万户、22976万户、23009万户、23022万户、23057万户、22869万户，如图4-12所示；家庭承包合同数分别为22104万份、22167万份、22192万份、22251万份、22103万份、22127万份、21928万份，如图4-13所示；土地承包经营权证份数分别20739万份、20818万份、20855万份、20738万份、20598万份、20601万份、20300万份，如图4-14所示。根据以上数据，可以得出结论：

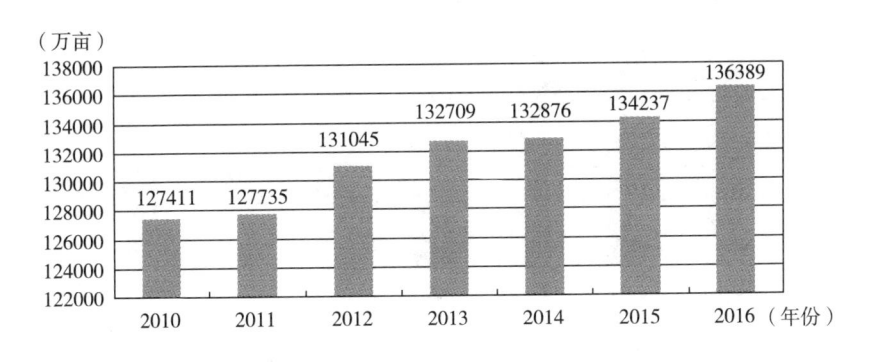

图 4-11 2010~2016年承包耕地面积

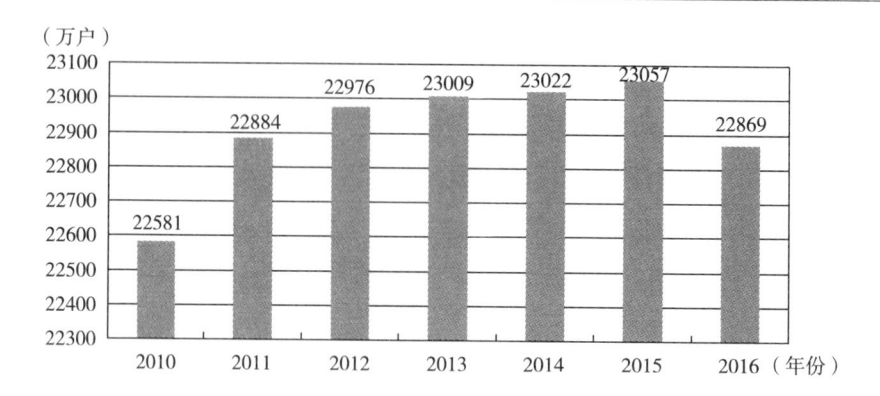

图 4-12　2010~2016 年承包经营农户数

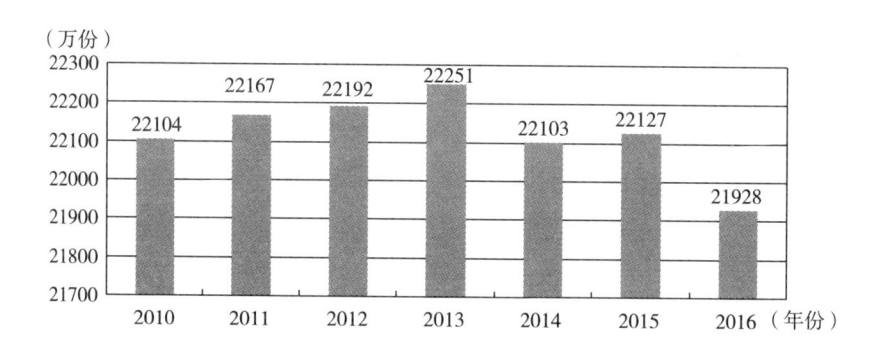

图 4-13　2010~2016 年家庭承包合同数

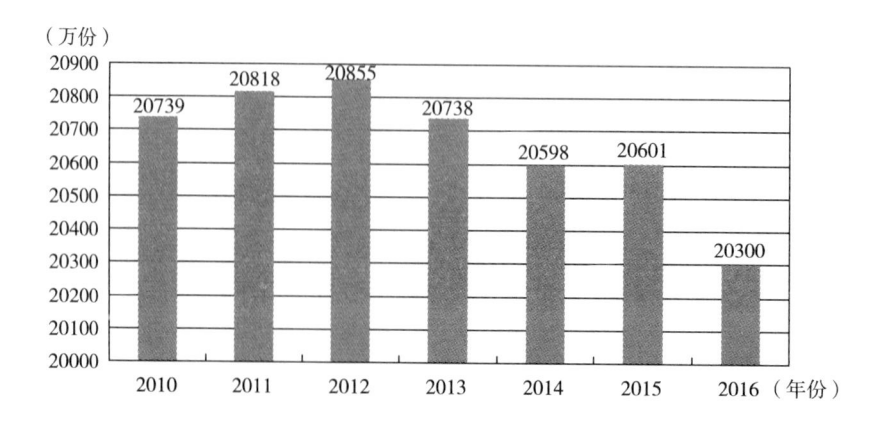

图 4-14　2010~2016 年土地承包经营权证份数

2010~2016年，承包耕地面积逐年上升，承包经营农户数变动较小，家庭承包合同数稳中有降，土地承包经营权证份数逐年下降。

2007~2016年，土地流转面积分别为6400万亩、10900万亩、15000万亩、18700万亩、22800万亩、27800万亩、34100万亩、40300万亩、44700万亩、47000万亩，如图4-15所示。土地流转面积占家庭承包面积比例分别为5.20%、8.07%、12.10%、14.70%、17.80%、21.50%、25.70%、30.40%、33.30%、35.10%，如图4-16所示。由此表明，2007~2016年我国土地流转面积及土地流转面积占家庭承包面积比例均逐年大幅度上升。

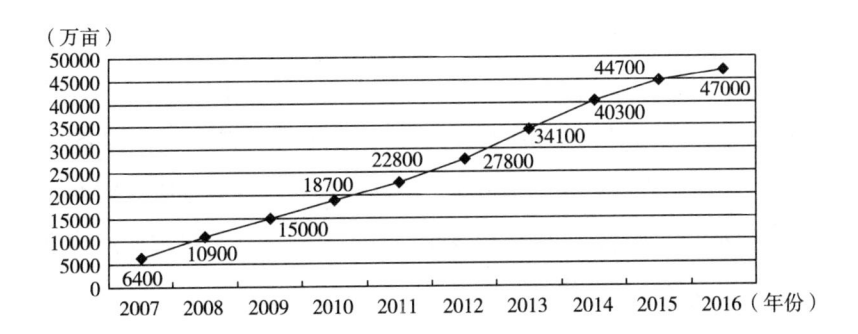

图4-15　2007~2016年土地流转面积

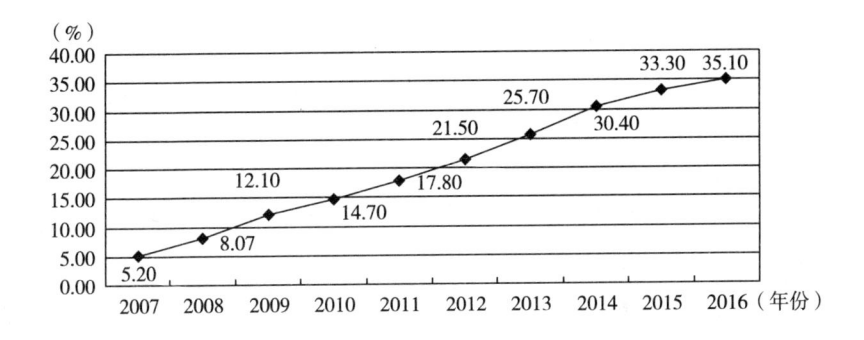

图4-16　2007~2016年土地流转面积占家庭承包面积比例

2010~2016年，家庭承包耕地流转去向主要包括流转入企业、流转入专业合作社、流转入农户及流转入其他主体。2010年，流转入企业、流转入专业合作社、流转入农户及流转入其他主体的耕地面积分别为 1508 万亩、2216 万亩、12913 万亩、2031 万亩；2011 年，流转入企业、流转入专业合作社、流转入农户及流转入其他主体的耕地面积分别为 1908 万亩、3055 万亩、15416 万亩、2415 万亩；2012 年，流转入企业、流转入专业合作社、流转入农户及流转入其他主体的耕地面积分别为 2556 万亩、4410 万亩、15416 万亩、2860 万亩；2013 年，流转入企业、流转入专业合作社、流转入农户及流转入其他主体的耕地面积分别为 3220 万亩、6944 万亩、20559 万亩、3378 万亩；2014 年，流转入企业、流转入专业合作社、流转入农户及流转入其他主体的耕地面积分别为 3882 万亩、8839 万亩、23544 万亩、4074 万亩；2015 年，流转入企业、流转入专业合作社、流转入农户及流转入其他主体耕地面积分别为 4232 万亩、9737 万亩、26206 万亩、4508 万亩；2016 年，流转入企业、流转入专业合作社、流转入农户及流转入其他主体耕地面积分别为 4638 万亩、10341 万亩、27977 万亩、4965 万亩，如图 4-17 所示。由此表明，家庭承包耕地流转至农户的面积逐年大幅度提升，家庭承包耕地流转至专业合作社的面积逐年稳步提升，家庭承包耕地流转至企业及其他主体的面积逐年小幅度提升。

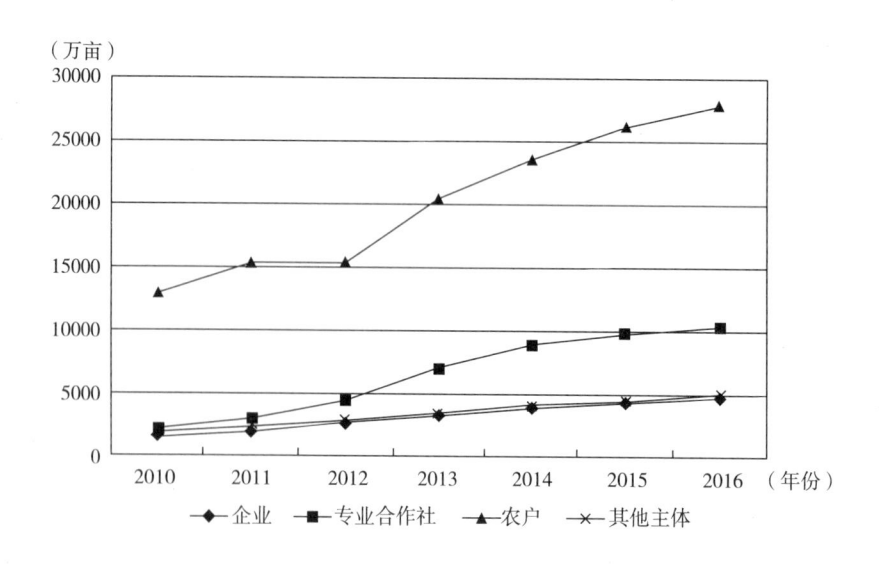

图 4-17 家庭承包耕地流转去向

第二节　我国农村土地流转综合效果分析

一、农村土地流转的正向效应

（一）农村土地流转促进粮食总产量增加

农村土地流转，将产生一系列正向效应和负向效应，尤其是随着我国农村土地流转进程不断推进，其效应将越发明显。

农村土地流转，将原有零散土地进行连片经营，便于增加科技投入。应用高水平的农业科技，粮食产量必然增加。除此之外，农村土地流转中所培育的新型农业经营主体，其农业经营动机更强。农业成为其创收及增收的重要来源。因此，新型农业经营主体对于农业经营投入度将更高，其可能频繁学习相关知识和技能，亦可能积极引入新科技。以上举措，均会促进新型农业经营主体所经营土地粮食产量的增加。基于此，提出如下假设：

假设1：农村土地流转促进粮食总产量增加。

为了验证以上假设，更好地对农村土地流转进行诠释，从中华人民共和国农业农村部网站获取相关数据，主要采用土地流转面积、家庭承包合同数、承包经营农户数、承包耕地面积作为预测变量，来说明土地流转状况。①

采用逐步回归法，将家庭承包合同数、承包经营农户数、承包耕地面积、土地流转面积及粮食总产量纳入回归模型。其中家庭承包合同数、承包经营农户数、承包耕地面积、土地流转面积为自变量，粮食总产量为因变量。

根据表4-1可以得出结论：模型调整后的 R^2 大于0.95，因此，模型的拟合

---

① 基于文献回顾，选取土地流转面积、家庭承包合同数、承包经营农户数、承包耕地面积作为预测变量。

情况较好。根据表4-2，P值小于0.001，因此，模型整体显著。根据表4-3，家庭承包合同数的P值小于0.05，P值均小于0.001，各自变量系数均显著。

表4-1 粮食总产量为因变量的模型拟合情况表

模型	R	R^2	调整后的R^2	标准估计的误差	Durbin-Watson
	0.998	0.997	0.997	204.611	2.696

注：①预测变量为（常量）、家庭承包合同数、承包经营农户数、承包耕地面积、土地流转面积；②因变量为粮食总产量。

表4-2 以粮食总产量为因变量的方差分析表

模型	平方和	df	均方	F	Sig.
回归	2463457709.665	4	615864427.416	14710.497	0.000
残差	8289397.192	198	41865.642	—	—
总计	2471747106.857	202	—	—	—

注：①预测变量为家庭承包合同数、承包经营农户数、承包耕地面积、土地流转面积；②因变量为粮食总产量。

表4-3 以粮食总产量为因变量的系数表

模型	非标准化系数		标准系数	t	Sig.	B的95.0%置信区间	
	B	标准误差	试用版			下限	上限
（常量）	-116840.362	4543.956	—	-25.713	0.000	-125801.123	-107879.601
土地流转面积	1673.493	75.301	0.486	22.224	0.000	1524.999	1821.988
承包耕地面积	0.364	0.019	0.318	19.032	0.000	0.326	0.401
承包经营农户数	6.349	0.250	0.274	25.384	0.000	5.856	6.842
家庭承包合同数（万份）	-0.905	0.356	-0.024	-2.544	0.012	-1.606	-0.203

注：因变量为粮食总产量。

最终，模型表达式可以写为：

粮食总产量 = -116840.362 + 1673.493 × 土地流转面积 + 0.364 × 承包耕地面积 + 6.349 × 承包经营农户数 - 0.905 × 家庭承包合同数

基于多重线性回归分析可以发现，我国粮食总产量与土地流转面积、承包耕地面积、承包经营农户数及家庭承包合同数存在显著关系。其中，土地流转面积、承包耕地面积及承包经营农户数对粮食总产量起到正向效应，尤其是土地流转面积每增加一个单位,粮食总产量就增加 1673.493 个单位,而家庭承包合同数对粮食总产量起到负向效应。通过以上数据分析,假设 1 得到了验证,即农村土地流转促进粮食总产量增加。

(二) 农村土地流转促进农林牧渔业总产值增加

农村土地流转带来的变化不仅局限在粮食种植规模化方面,也惠及整个农业、林业、牧业及渔业的规模化经营。在规模化经营基础上,农林牧渔业增加科技要素投入,也会有效降低农林牧渔业的经营成本,增加农林牧渔业产品的市场竞争力,最终势必增加农林牧渔业的总产值。基于以上论述,提出如下假设:

假设 2:农村土地流转增加农林牧渔业总产值。

采用逐步回归法,将家庭承包合同数、承包经营农户数、承包耕地面积、土地流转面积及农林牧渔业总产值纳入回归模型。其中,家庭承包合同数、承包经营农户数、承包耕地面积、土地流转面积为自变量,农林牧渔业总产值为因变量。

根据表 4-4,可以得出结论:模型调整后的 R^2 大于 0.95,因此,模型的拟合情况较好。根据表 4-5,P 值小于 0.001,因此,模型整体显著。根据表 4-6,P 值均小于 0.001,各自变量系数均显著。

表 4-4 农林牧渔业总产值为因变量的模型拟合情况表

模型	R	R^2	调整后的 R^2	标准估计的误差	Durbin-Watson
1	1.000	0.999	0.999	458.674	2.848

注:①预测变量为家庭承包合同数、承包经营农户数、承包耕地面积、土地流转面积。②因变量为农林牧渔业总产值(按 1957 年不变价格计算)。

表 4-5 以农林牧渔业总产值为因变量的方差分析表

模型	平方和	df	均方	F	Sig.
回归	45915608870.160	4	11478902217.540	54562.235	0.000
残差	41655600.157	198	210381.819	—	—
总计	45957264470.317	202	—	—	—

注:①预测变量为家庭承包合同数、承包经营农户数、承包耕地面积、土地流转面积;②因变量为农林牧渔业总产值(按 1957 年不变价格计算)。

表4-6 以农林牧渔业总产值为因变量的系数表

模型	非标准化系数 B	标准误差	标准系数 试用版	t	Sig.	B 的95.0%置信区间 下限	上限
（常量）	-445709.989	10186.133	—	-43.757	0.000	-465797.222	-425622.756
土地流转面积	6606.361	168.801	0.445	39.137	0.000	6273.483	6939.240
承包耕地面积	1.844	0.043	0.374	43.068	0.000	1.760	1.929
承包经营农户数	23.162	0.561	0.232	41.311	0.000	22.056	24.268
家庭承包合同数（万份）	-11.895	0.797	-0.074	-14.921	0.000	-13.468	-10.323

注：因变量为农林牧渔业总产值（按1957年不变价格计算）。

最终，模型表达式可以写为：

农林牧渔业总产值 = -445709.989 + 6606.361 × 土地流转面积 + 1.844 × 承包耕地面积 + 23.162 × 承包经营农户数 - 11.895 × 家庭承包合同数

基于多重线性回归分析可以发现，我国农林牧渔业总产值与土地流转面积、承包耕地面积、承包经营农户数及家庭承包合同数存在显著关系。其中，土地流转面积、承包耕地面积及承包经营农户数对农林牧渔业总产值起到正向效应，尤其是土地流转面积每增加一个单位，粮食总产量就增加6606.361个单位，而家庭承包合同数对农林牧渔业总产值起到负向效应。通过以上数据分析结果，假设2得到了验证，即农村土地流转增加农林牧渔业总产值。

（三）农村土地流转促进农业机械总动力增加

农村土地流转后，规模化的经营模式势必告别过去传统的农业经营模式，并会使用大量耕作机械、排灌机械、收获机械、农用运输机械、植物保护机械、牧业机械、林业机械、渔业机械和其他农业机械。高度机械化方能够高效完成大面积的农村土地经营。基于此，提出如下假设：

假设3：农村土地流转促进农业机械总动力增加。

采用逐步回归法，将家庭承包合同数、承包经营农户数、承包耕地面积、土地流转面积及农业机械总动力纳入回归模型。其中，家庭承包合同数、承包经营农户数、承包耕地面积、土地流转面积为自变量,农业机械总动力为因变量。

根据表4-7,可以得出结论:模型调整后的 R^2 大于0.9,因此,模型的拟合情况较好。根据表4-8,P 值小于0.001,因此,模型整体显著。根据表4-9,承包经营农户数的 P 值小于0.01,其他 P 值均小于0.001,各自变量系数均显著。

表4-7 农业机械总动力为因变量的模型拟合情况表

模型	R	R^2	调整后的 R^2	标准估计的误差	Durbin-Watson
1	0.953	0.908	0.906	187.459	3.588

注:①预测变量为家庭承包合同数、承包经营农户数、承包耕地面积、土地流转面积;②因变量为农业机械总动力。

表4-8 以农业机械总动力为因变量的方差分析表

模型	平方和	df.	均方	F	Sig.
回归	68752268.705	4	17188067.176	489.120	0.000
残差	6957881.490	198	35140.816	—	—
总计	75710150.194	202	—	—	—

注:①预测变量为家庭承包合同数、承包经营农户数、承包耕地面积、土地流转面积;②因变量为农业机械总动力。

表4-9 以农业机械总动力为因变量的系数表

模型	非标准化系数		标准系数	t	Sig.	B 的95.0%置信区间	
	B	标准误差	试用版			下限	上限
(常量)	-67989.151	4163.046	—	-16.332	0.000	-76198.749	-59779.552
土地流转面积	1152.963	68.989	1.915	16.712	0.000	1016.916	1289.009
承包耕地面积	-0.232	0.018	-1.161	-13.260	0.000	-0.267	-0.198
承包经营农户数	0.757	0.229	0.187	3.305	0.001	0.306	1.209
家庭承包合同数	3.957	0.326	0.609	12.143	0.000	3.314	4.599

注:因变量为农业机械总动力。

最终,模型表达式可以写为:

农业机械总动力 = -67989.151 + 1152.963 × 土地流转面积 - 0.232 × 承包耕

地面积 +0.757×承包经营农户数 +3.957×家庭承包合同数

基于多重线性回归分析可以发现，我国农业机械总动力与土地流转面积、承包耕地面积、承包经营农户数及家庭承包合同数均存在显著关系。其中，土地流转面积、承包经营农户数及家庭承包合同数对农业机械总动力起到正向效应，尤其是土地流转面积每增加一个单位，农业机械总动力就增加1152.963个单位，而承包耕地面积对农业机械总动力起到负向效应。通过以上数据分析结果，假设3得到了验证，即农村土地流转促进农业机械总动力增加。

（四）农村土地流转增加乡村（农村）办水电站数量

在农村土地流转的过程中，农业经营规模及经营面积势必不断扩大，继而造成对于水资源的需求增加。另外，为了有效增加农村土地流转带来的效益，势必要降低成本，节约农村水电便是一种节能减排的有效手段。因此，农村土地流转数量的增加，也必然使得乡村（农村）办水电站数量增加。基于此，提出如下假设：

假设4：农村土地流转增加乡村（农村）办水电站数量。

采用逐步回归法，将家庭承包合同数、承包经营农户数、承包耕地面积、土地流转面积及乡村（农村）办水电站纳入回归模型。其中，家庭承包合同数、承包经营农户数、承包耕地面积、土地流转面积为自变量，乡村（农村）办水电站为因变量。

根据表4-10，可以得出结论：模型调整后的R^2大于0.95，因此，模型的拟合情况较好。根据表4-11，P值小于0.001，因此，模型整体显著。根据表4-12，承包耕地面积的P值小于0.05，其他P值均小于0.001，各自变量系数均显著。

表4-10 乡村（农村）办水电站为因变量的模型拟合情况表

模型	R	R^2	调整后的R^2	标准估计的误差	Durbin-Watson
1	0.991	0.981	0.981	116.351	2.820

注：①预测变量为家庭承包合同数、承包经营农户数、承包耕地面积、土地流转面积；②因变量为乡村（农村）办水电站。

第四章 我国农村土地流转现状与质量评价

表4-11 以乡村（农村）办水电站为因变量的方差分析表

模型	平方和	df.	均方	F	Sig.
回归	142161499.564	4	35540374.891	2625.303	0.000
残差	2680450.436	198	13537.628	—	—
总计	144841950.000	202	—	—	—

注：①预测变量为家庭承包合同数、承包经营农户数、承包耕地面积、土地流转面积；②因变量为乡村（农村）办水电站。

表4-12 以乡村（农村）办水电站为因变量的系数表

模型	非标准化系数		标准系数	t	Sig.	B 的95.0%置信区间	
	B	标准误差	试用版			下限	上限
（常量）	21936.924	2583.905	—	8.490	0.000	16841.418	27032.430
土地流转面积	1411.478	42.820	1.695	32.963	0.000	1327.037	1495.919
承包耕地面积	0.019	0.011	0.069	1.758	0.040	0.002	0.041
承包经营农户数	-4.704	0.142	-0.839	-33.071	0.000	-4.984	-4.423
家庭承包合同数	5.654	0.202	0.629	27.956	0.000	5.255	6.053

注：因变量为乡村（农村）办水电站。

最终，模型表达式可以写为：

乡村（农村）办水电站 = 21936.924 + 1411.478 × 土地流转面积 + 0.019 × 承包耕地面积 - 4.704 × 承包经营农户数 + 5.654 × 家庭承包合同数

基于多重线性回归分析可以发现，我国乡村（农村）对水电站的治理经营与土地流转面积、承包耕地面积、承包经营农户数及家庭承包合同数存在显著关系。其中，土地流转面积、承包耕地面积及家庭承包合同数对乡村（农村）的水电站治理经营起到正向效应，尤其是土地流转面积每增加一个单位，乡村（农村）办水电站就增加1411.478个单位，而承包经营农户数对乡村（农村）办水电站起到负向效应。通过以上分析，假设4得到了验证，即农村土地流转增加了乡村（农村）办水电站的数量。

（五）农村土地流转增加化肥施用量

农村土地流转必然将增加农业经营土地的数量，这势必造成对化肥的需求相应上升;而且,随着农村土地流转面积的不断扩大,对化肥施用量的需求也将持续攀升。另外,新型经营主体为了提高农村土地流转后的收益,不论是粮食种植,抑或是经济作物种植,都将致力于提升农产品的产出数量,化肥施用量相应地也会增加。基于此,提出如下假设:

假设 5:农村土地流转增加化肥施用量。

采用逐步回归法,将家庭承包合同数、承包经营农户数、承包耕地面积、土地流转面积及化肥施用量纳入回归模型。其中,家庭承包合同数、承包经营农户数、承包耕地面积、土地流转面积为自变量,化肥施用量为因变量。

根据表 4-13,可以得出结论:模型调整后的 R^2 大于 0.95,因此,模型的拟合情况较好。根据表 4-14,P 值小于 0.001,因此,模型整体显著。根据表 4-15,家庭承包合同数的 P 值小于 0.05,其他 P 值均小于 0.001,各自变量系数均显著。

表 4-13 化肥施用量为因变量的模型拟合情况表

模型	R	R^2	调整后的 R^2	标准估计的误差	Durbin-Watson
1	0.996	0.993	0.993	13.466	2.921

注:①预测变量为家庭承包合同数、承包经营农户数、承包耕地面积、土地流转面积;②因变量为化肥施用量。

表 4-14 以化肥施用量为因变量的方差分析表

模型	平方和	df.	均方	F	Sig.
回归	5092573.520	4	1273143.380	7020.758	0.000
残差	35905.297	198	181.340	—	—
总计	5128478.817	202	—	—	—

注:①预测变量为家庭承包合同数、承包经营农户数、承包耕地面积、土地流转面积;②因变量为化肥施用量。

最终,模型表达式可以写为:

化肥施用量 = -5705.831 + 81.740 × 土地流转面积 + 0.010 × 承包耕地面积 + 0.421 × 承包经营农户数 + 0.017 × 家庭承包合同数

表4-15 以化肥施用量为因变量的系数表

模型	非标准化系数		标准系数	t	Sig.	B 的95.0% 置信区间	
	B	标准误差	试用版			下限	上限
（常量）	-5705.831	299.056	—	-19.080	0.000	-6295.574	-5116.088
土地流转面积	81.740	4.956	0.522	16.494	0.000	71.967	91.513
承包耕地面积	0.010	0.001	0.184	7.621	0.000	0.007	0.012
承包经营农户数	0.421	0.016	0.399	25.592	0.000	0.389	0.454
家庭承包合同数	0.017	0.023	0.010	0.724	0.040	0.029	0.063

注：因变量为化肥施用量。

基于多重线性回归分析可以发现，我国化肥施用量与土地流转面积、承包耕地面积、承包经营农户数及家庭承包合同数均存在显著关系。其中，土地流转面积、承包耕地面积、承包经营农户数及家庭承包合同数对化肥施用量起到正向效应，尤其是土地流转面积每增加一个单位，化肥施用量就增加81.740个单位。根据数据分析结果，假设5得到了验证，即农村土地流转增加化肥施用量。

（六）农村土地流转减少第一产业乡村就业人员数

农村土地流转后，部分剩余劳动力将得到充分解放，流入城镇的第二产业或第三产业，以期获得更多的经济回报，原有从事第一产业的农民逐步转移至第二产业或第三产业。另外，农村土地流转后，为了促进农业机械化的实施，对于劳动力的需求也必然减少。基于以上原因，农村土地流转将使得从事第一产业的乡村就业人员数逐步减少。基于此，提出如下假设：

假设6： 农村土地流转减少第一产业乡村就业人员数。

采用逐步回归法，将家庭承包合同数、承包经营农户数、承包耕地面积、土地流转面积及第一产业乡村就业人员数纳入回归模型。其中，家庭承包合同数、承包经营农户数、承包耕地面积、土地流转面积为自变量，第一产业乡村就业人员数为因变量。

根据表4-16，可以得出结论：模型调整后的 R^2 大于0.95，因此，模型的拟合情况较好。根据表4-17，P值小于0.001，因此，模型整体显著。根据

表4-18，家庭承包合同数的 P 值小于0.05，其他 P 值均小于0.001，各自变量系数均显著。

表4-16 第一产业乡村就业人员数为因变量的模型拟合情况表

模型	R	R^2	调整后的 R^2	标准估计的误差	Durbin-Watson
1	0.999	0.999	0.999	83.213	3.469

注：①预测变量为家庭承包合同数、承包经营农户数、承包耕地面积、土地流转面积；②因变量为第一产业乡村就业人员数。

表4-17 以第一产业乡村就业人员数为因变量的方差分析表

模型	平方和	df	均方	F	Sig.
回归	1054158661.413	4	263539665.353	38059.251	0.000
残差	1371042.587	198	6924.458	—	—
总计	1055529704.000	202	—	—	—

注：①预测变量为家庭承包合同数、承包经营农户数、承包耕地面积、土地流转面积；②因变量为第一产业乡村就业人员数。

表4-18 以第一产业乡村就业人员数为因变量的系数表

模型	非标准化系数 B	非标准化系数 标准误差	标准系数 试用版	t	Sig.	B 的95.0%置信区间 下限	B 的95.0%置信区间 上限
（常量）	39267.963	1847.984	—	21.249	0.000	35623.707	42912.219
土地流转面积	-2349.467	30.624	-1.045	-76.719	0.000	-2409.858	-2289.075
承包耕地面积	0.066	0.008	0.089	8.509	0.000	0.051	0.081
承包经营农户数	-0.856	0.102	-0.057	-8.412	0.000	-1.056	-0.655
家庭承包合同数	0.177	0.145	0.007	1.222	0.023	0.108	0.462

注：因变量为第一产业乡村就业人员数。

最终，模型表达式可以写为：

第一产业乡村就业人员数 = 39267.963 - 2349.467 × 土地流转面积 + 0.066 × 承包耕地面积 - 0.856 × 承包经营农户数 + 0.177 × 家庭承包合同数

基于多重线性回归分析所获数据可以发现，我国第一产业乡村就业人员数与土地流转面积、承包耕地面积、承包经营农户数及家庭承包合同数存在显著关系。其中,土地流转面积及承包经营农户数对第一产业乡村就业人员数起到负向效应,尤其是土地流转面积每增加一个单位,第一产业乡村就业人员数就减少2349.467个单位,承包耕地面积及家庭承包合同数对第一产业乡村就业人员数起到正向效应。通过对以上数据分析,假设6得到了验证,即农村土地流转减少第一产业乡村就业人员数。

(七)农村土地流转增加人均可支配收入

农村土地流转有利于农民个体人均可支配收入的提升。一方面,对于农村土地流入方而言,获得了更多的土地,改变了过去的小规模经营,实现了土地的规模经营。土地规模经营便于新技术的投入,能够增加流入土地的产出,进而提升农村土地流入方的个体可支配收入。另一方面,对于农村土地的流出方而言,农民自身作为劳动力提供方的束缚将得到解脱,可以离开农村进入城镇,投入第二产业及第三产业的经营中,获取个体收益,与此同时,也可以因流出土地而获得相应回报。因此,土地流出方的收入也得到了很大提升。据此,提出如下假设:

假设7:农村土地流转能够提升农民个体人均可支配收入。

采用逐步回归法,将家庭承包合同数、承包经营农户数、承包耕地面积、土地流转面积及人均可支配收入纳入回归模型。其中,家庭承包合同数、承包经营农户数、承包耕地面积、土地流转面积为自变量,人均可支配收入为因变量。

根据表4-19,可以得出结论:模型调整后的 R^2 大于0.95,因此,模型的拟合情况较好。根据表4-20,P值小于0.001,因此,模型整体显著。根据表4-21,P值均小于0.001,各自变量系数均显著。

表4-19 人均可支配收入为因变量的模型拟合情况表

模型	R	R^2	调整后的 R^2	标准估计的误差	Durbin-Watson
1	0.999	0.998	0.998	98.969	3.266

注:①预测变量为家庭承包合同数、承包经营农户数、承包耕地面积、土地流转面积;②因变量为人均可支配收入。

表4-20　以人均可支配收入为因变量的方差分析表

模型	平方和	df.	均方	F	Sig.
回归	835673012.700	4	208918253.175	21329.555	0.000
残差	1939366.054	198	9794.778	—	—
总计	837612378.754	202	—	—	—

注：①预测变量为家庭承包合同数、承包经营农户数、承包耕地面积、土地流转面积；②因变量为人均可支配收入。

表4-21　以人均可支配收入为因变量的系数表

模型	非标准化系数		标准系数	t	Sig.	B的95.0%置信区间	
	B	标准误差	试用版			下限	上限
（常量）	12897.268	2197.873	—	5.868	0.000	8563.025	17231.512
土地流转面积	1208.521	36.422	0.603	33.181	0.000	1136.695	1280.347
承包耕地面积	0.159	0.009	0.238	17.156	0.000	0.140	0.177
承包经营农户数	1.907	0.121	0.141	15.765	0.000	1.669	2.146
家庭承包合同数	-3.261	0.172	-0.151	-18.960	0.000	-3.601	-2.922

注：因变量为人均可支配收入。

最终，模型表达式可以写为：

人均可支配收入 = 12897.268 + 1208.521 × 土地流转面积 + 0.159 × 承包耕地面积 + 1.907 × 承包经营农户数 - 3.261 × 家庭承包合同数

基于多重线性回归分析可以发现，我国人均可支配收入与土地流转面积、承包耕地面积、承包经营农户数及家庭承包合同数存在显著关系。其中，土地流转面积、承包耕地面积及承包经营农户数对人均可支配收入起到正向效应，尤其是土地流转面积每增加一个单位，人均可支配收入就增加1208.521个单位，而家庭承包合同数对人均可支配收入起到负向效应。基于以上数据分析结果，假设7得到验证，即农村土地流转能够提升农民个体人均可支配收入。

二、农村土地流转的负向效应

农村土地流转促进了要素流动，对经济社会发展起到了极大的促进作用。但是，由于制度、政策措施等的不健全，农村土地流转也产生了一定的负面影响。

(一) 自然生态环境压力增大

在农村土地流转过程中，对环境的破坏屡见不鲜。常见的现象有以下几种：

第一，农村土地流转将会吸引资本所有者从事农业经营，而部分资本所有者为了攫取更多的经济利益，降低自身经营成本，会选择投入小但对环境有害的农业生产项目，这些生产项目造成了对生态环境的破坏。

第二，农村土地流转促使城市中的高污染企业向农村迁移。农村土地流转后，土地形成规模化经营，同时地价较为便宜，会吸引一些诸如造纸、金属矿物制品、纺织等企业进入农村，对农村的自然生态环境造成污染。

第三，农村土地流转会导致单一农作物种植，破坏原有的生态环境。由于连片经营，原有各类动植物的生存空间将被压缩，使得原有动植物的生存环境被改变，损害物种迁移和遗传的多样性，从而破坏环境的可持续发展。

第四，农村土地流转吸引新的农业经营主体加入，新的土地经营者会按照自身经营需求对土地进行整治。但是，这样的整治未必会考虑整个生态环境的需要，将造成对土壤的破坏，土地盐碱化等问题将不可避免。而这些土地问题将产生连带反应，即不仅给被整治土地带来问题，也将殃及周边土地。

第五，农村土地流转的动力之一是农村劳动力的转移，而原有农村劳动力的转移使得农业劳动力的投入减少，这进一步加大了土地经营者增加农药、化肥等生产要素投入的可能性，也必然使得环境遭到严重破坏。

第六，农村土地流转一般是将优质土地进行流转，劣质土地一般很难被流转出去，将进一步加剧劣质土地的闲置和荒废，而劣质土地的闲置更有可能带来水土流失。另外，一些土地经营者可能会因为自身经营不善而废弃流转后的土地；如果农村土地流转后遭到了破坏，责任人权责归属不清而导致土地难以得到及时有效的修复，那么，这也将从长远上破坏农村土地质量及生态环境。

(二) 农业生产"非粮化"问题严重

第一，在农村土地流转过程中，工商资本进入农业经营，而基层政府组织为了更好地实现农村土地流转和规模化经营，会批准一些"非粮化"和"非农化"

项目，这些商业资本借着农村土地流转的契机获得了农业用地，却从事着"非粮化"和"非农化"项目。例如，一些政府为了刺激经济发展，进行农业生产结构调整，导致原有的种粮用地作为资源被争夺。这些措施的确能够促进经济发展，但却不利于国家粮食安全。

第二，外部农产品市场需求的转变，加剧了农业生产"非粮化"问题。由于居民对水果、蔬菜、肉类等产品的需求不断增加，农业生产逐渐倾向于此类产品，加上粮食生产的经济效益比较低。为了获取更多的经济效益，农村土地流转后，原有种植粮食的土地多数改为种植经济作物，或者部分经营主体将原有种植粮食的土地用于养殖业、观光农业、种植中药材、培育花卉园林等，这些因素促使土地"非粮化"使用现象加剧。另外，我国粮食的价格偏低，若遇到不良气候或自然灾害，原有的微薄利润变得更少，这将加剧"非粮化"的负面影响。

第三，农村土地流转后，新的农业经营主体在规模化生产过程中需要配备相应的生产设施，诸如厂房、库房、晒场等生产设施有可能临时占用农业用地，进一步激发"非粮化"用地问题。

第四，我国社会经济结构不断变化，第一产业占第三产业比重逐步下降。农村城镇化水平不断提升，越来越多农村劳动力从第一产业转向第二产业和第三产业。第二产业和第三产业用地对第一产业用地形成了抢夺态势，这在某种程度上也激发了"非粮化"用地问题。

（三）土地流转中的法律纠纷持续增多

土地对于农民而言，具有生存保障功能，也直接关系农民自身经济利益。农村土地流转有利于增加农民的收入，也有利于从土地中解放出劳动力以获取更多的经济效益。农村土地流转进程越发加快，然而相关的法律法规尚未健全，农民的自我保护意识依旧淡薄，相关中介组织的发展也不成熟，以上种种因素导致农村土地流转过程中存在诸多法律问题。

第一，无书面土地流转合同的法律纠纷。土地流转应签订书面合同，但在实践中，极少数土地产权流转买卖双方主体会直接签订书面土地流转转让协议或买卖合同，大多数土地流转买卖双方仅通过口头协议约定的形式直接进行土地代耕、出租或土地转包。因此，当要求依法收回已经进行代耕、出租或转包的土地时，就涉及口头约定的认定问题，比较容易产生法律纠纷。

第二，若土地的合法流转未及时备案，容易导致土地法律纠纷。土地流转应当报发包方备案，但是在实际操作过程中，由于农村土地流转买卖双方法律意识淡薄，往往不会进行备案。因此，此类土地流转的效力问题往往会滋生法律纠纷。

第三，经济利益改变引起法律纠纷。土地流转双方一旦签订土地流转合同，双方必须认真履行自身义务，任何一方不得擅自变更或解除土地流转合同。然而，在中央出台了许多惠农政策之后，出现了两种情况：一种情况是，城镇扩建征地、交通征地等持续跟上，导致农村土地价值猛增；另一种情况是，一些土地流转后，新的经营者获得了较高的经济利益。在这两种情况下，土地流出方受利益驱动，提出毁约或修改流转合同等条件，造成法律纠纷。

（四）留守老人和儿童问题，使得农民生活缺乏幸福感

农民的土地经营权转出后，产生了剩余青壮年劳动力。在农村集体经济、合作社经济、村企共建等方面发展不充分的条件下，大量的青壮年劳动力进城务工，不可避免地引发了一些社会问题。青壮年劳动力进城务工，最直接的后果就是产生了大量留守老人和儿童，社会保障方面问题凸显。一方面，目前我国社会保障制度尚不健全，留守老人的养老问题成为社会普遍关注的焦点，这些老人往往由进城务工子女赡养，即使经济生活方面没有问题，但其心理、精神需求大多得不到满足，幸福感缺失；另一方面，留守儿童也面临共同的问题，留守儿童的教育问题始终是人们重点关注的社会问题，随着农村劳动力的转移，留守在农村的儿童逐年减少，农村基础教育实行多村并校等方式，留守儿童在就学方面有着地理上的劣势，同时还伴随着儿童心理健康、家庭教育等一系列问题。农村劳动力转移产生的留守老人和儿童问题，使得农民家庭幸福感缺失，因此，在促进农村土地流转、加速农村劳动力转移的过程中，相关配套措施必须及时跟上，不能只追求短期经济效益，而在长远上没有顾及广大农民的身心健康。

第五章
农村土地流转的多重比较分析

第一节 国外农村土地产权制度

土地流转是我国专用词汇，国外一般称为土地交易。农村土地产权关系问题与农村地区土地资源利用效率息息相关，进而影响农民收入。纵观当今世界，不同政治体制和不同经济发展水平的国家依据土地产权可以分为两大不同阵营，一种是国家的土地产权以所有权为基础，另一种是国家的土地产权以使用权为基础。前者以土地私有制为基础，土地允许进入市场自由买卖，使用权权能较小；后者土地公有，使用权权能相对扩大，拥有土地使用权的个人可以对土地进行处置。两种土地产权形态并无绝对的优劣之分，只是形成基础和发展路径不同。[①]随着农业规模化经营与农业现代化的发展，无论以所有权为基础的国家，还是以使用权为基础的国家，都越加重视土地改革问题。

基于不同国家的土地流转法律规定，我们可以看出，农村土地使用权的流转方式主要分为转让、出租、抵押、继承、交换、入股等，适用于不同土壤条件、

---

① 黄宝连，黄祖辉，顾益康，王丽娟. 产权视角下中国当前农村土地制度创新的路径研究——以成都为例［J］. 经济学家，2012（3）：66－73.

不同经济发展水平及不同地区，为农民的土地流转提供了更多的选择，进而加快了土地流转进程，为土地的适度规模化经营奠定了基础，有利于农业现代化。

一、美国农村土地产权制度

众所周知，美国是世界上农业现代化发展最快的国家，它的土地产权制度相对来说比较完善。首先，美国是土地私有制国家，农业用地也是如此。在美国，家庭农场占有几乎所有的农业用地，因此，美国的农场主是农村土地的拥有者。这主要是因为美国独立后，国家为了农业发展筹措资金，通过各种方式售卖国有土地给个人，因而美国农业发展的主力军就是家庭农场。无论用什么方式取得的农村土地所有权，产权都非常明确。其次，纵观美国农业发展史，由最开始的低层次粗放型经营到规模化经营，再达到现代化、科学化、标准化的家庭大规模经营阶段，是一个逐渐发展壮大的过程，这与美国完善的农村土地经营制度的支持密不可分。具体而言，美国政府通过农村土地产权变革来引导农业各生产要素的合理优化配置。为了提高农村土地投入与产出效率，美国政府把农村土地所有权与经营权分离，允许家庭农场通过租佃形式扩大自身规模，并且为了提高家庭农场经营的自主性和能动性，承租国有土地的农场主拥有经营权、使用权和处置权。再次，虽然美国农村土地制度以家庭所有制为基础，但是这种农村土地所有权具有一定的限制性，是不完全的农村土地所有权。美国政府拥有土地征用权、土地管理规划权和土地税征收权，但这三项权利也是受到制约的。例如，政府征用公共用途的土地时，必须得到相关人员认可，并且需要对所有者按市价进行补偿。而且，所收取的土地税需要严格按照法律规定实施，税种和税率也有章可循，必须接受纳税人的监督并为其提供优质公共服务。最后，美国土地法律法规和相关政策十分完善，并且体系庞大复杂，使得农村土地产权制度涉及的各方主体能够依法维权，农村土地交易各个环节的活动有法可依，保证了美国农业经济持续稳定健康地发展。

美国农村土地产权制度对我国农村土地流转的启示有如下几点：首先，从美国的土地产权介绍中我们可以看出，家庭农场可以成为推进农村土地流转的经营主体，但是需要结合我国不同地区的实际情况，采取因地制宜的方式，不断注入新元素,鼓励发展新型主体,如新型农村组织、农村合作社等,适时完善与创新。其次,要保障农民拥有长期稳定的农村土地使用权,这样才能推动农村土地流转,实现适度规模经营。最后,美国的农村土地产权制度和经营权制度非常完善,土地法制化和规范化程度极高,这些都极大地推动了美国的农业现代化。因此,我国农村土地的相关法律法规需要进一步规范完善,农村土地产权制度要进一步精准化,为农村土地流转工作的良性运行奠定制度基础。

二、日本农村土地产权制度

日本的土地制度以私有制为主,个人或法人拥有日本的农村土地和建筑用地。在日本,私有土地占到全部土地的近七成,剩下的国有和公有土地大部分为非耕地,如森林、河川和原野等形态的土地。日本的农村土地主要归属于小规模家庭,经营过程中采取协作方式,由专门的社会化组织提供专业化和标准化的服务。另外,日本农村土地相关的法律制度和管理制度比较完善。日本土地公有制和私有制并存的制度,是通过由日本政府主导实施的三阶段土地改革才最终得以确立。

走上资本主义道路后,日本政府发现,本国农业领域内落后的封建生产关系严重阻碍了农业发展。具体表现在地主通过高额的地租迫使众多农民失去土地或拥有极少的土地,如果不消除这种土地占有制度,将会威胁整个日本的工业化和全面现代化。鉴于此,日本政府进行了三阶段的土地产权制度改革。

第一阶段,也称作"自耕农"阶段,日本土地制度改革最终使得农民的土地所有权与使用权相结合。这一阶段,日本政府首先通过强制手段,从拥有农村土地的地主那里购买农村土地,然后再将农村土地卖给急需土地的农民,达到了农户小规模占有和经营的目的,这时,自耕农体制确立了下来。当时日本国内近九成的农户都是自耕农,自耕农手中的耕地占到了农村土地的九成。20世纪50年代初,《农村土地法》问世,这部法律进一步稳固了自耕农阶段的改革成果,从法律上确立了日本农民土地所有制的永久地位。由于自耕农身份地位的转变,使得其农业生产的积极性高涨,这一时期,日本农业生产势头迅猛。第二阶段,变革的核心思想是农村土地转让和扩大农村土地生产经营规模。这时,日本政府对规模不同的农户实施不同的政策,引导他们分流,鼓励土地多的农户购买更多的土地,给他们提供贷款支持和其他相应的政策支持;鼓励小农户转出土地,转向非农业进行二次就业,并且提供相应的岗位。这一时期,两部法律的制定及实施进一步推动了土地的集中,农户土地上限突破 30000 平方米,并且最终形成了多样化的农业生产法人制度。第三阶段,日本农村土地改革重点是使用权制度的突破,政府通过各种措施和手段引导农村土地所有权和使用权相分离。通过 1970 年和 1980 年两次对《农村土地法》的彻底修改,消除了对农村土地租赁的相应规定,为后期的土地租赁方式提供了法律依据,政府进一步鼓励进行以这种方式为主的规模经营,《农用地利用增进法》也在客观上推动了这一进程。日本政府的这几次法律修改以及新法案的制定进一步推动了日本农村土地经营权的流转。这一时期,日本政府注重扶持和发展各种合作组织,以促进农村土地大规模作业,提高农业产出率。[1]

首先,日本的土地产权改革制度具有明显的阶段性特点。其次,我们需要重点关注日本政府中农业职能管理部门的价值与意义。这些相关部门在日本农村土地产权改革工作以及农业政策的执行与反馈中起到了承上启下的作用。并且日本政府在农村土地流转中主要扮演着推动者与引导者的角色,为全日本的农村土地流转制定适合的农业政策,并且建立健全相关法律。最后,日本成立了由国家、地方政府和农业协会联合三位一体的非营利农业土地管理公司,主要职责就是推动农村土地流转。

日本农村土地产权制度对我国农村土地流转的启示有:农村土地流转归根结底靠的是市场机制,纵观土地流转规模较大的区域,都具有一些共同特征,即经济发达且可以提供充足的就业岗位,这样农民才会义无反顾地进行流转。土地流转与否要看农民的意愿而不是其他组织,因此,我国各级政府相关部门需要营造有利于本地农村土地流转的法律制度环境,为农村土地流转提供各种配套服务,如法律服务、信息服务以及社保服务等,而且为了农民增收可以结合本地特色,进一步推动农村一二三产业融合。

---

[1] 王振坡,王丽艳.日本和俄罗斯农村土地产权制度变革及其对中国的借鉴价值[J]城市,2007(11):54-57.

三、俄罗斯农村土地产权制度

俄罗斯国土面积的 3/4 位于亚洲，1/4 位于欧洲，因其独特的地理位置，自古以来，东西方不同的思想文化不断影响着俄罗斯的各种制度，土地制度也不例外。首先，俄罗斯的土地制度受到古罗马法律文化与宗教政治传统的影响，俄罗斯的村社传统构成了本地农业文化的基础。其次，俄罗斯土地制度在演变过程中因为受到东西方文明的影响与冲击，具有落后性与被动性。最后，20 世纪俄罗斯土地制度也不可避免地受到了马克思主义的影响。

近几十年来，依据俄罗斯土地私有制的发展特点，其阶段，确立完善过程可分为三个阶段。第一阶段，从 20 世纪 80 年代到苏联解体。土地国有制已经实行了 70 年。这一时期，由于集体农庄和国营农场生产效率低下，农业供求失衡，面临危机。戈尔巴乔夫政府的改革以确定土地私有化为中心，主要内容为实行私人农场制、租赁制等。因为苏联解体，这些改革措施并未真正实施。第二阶段，从俄罗斯联邦建立到 21 世纪普京政府执政。苏联解体后，"休克疗法"却没有被叫停，它跟随着新政府继续发挥作用。这一时期，叶利钦政府通过多部法律确立了土地私有制。《关于俄罗斯联邦实施土地改革的紧急措施》的总统令标志着俄罗斯土地私有化的全面实施。1993 年，《俄罗斯联邦宪法》从法律意义上确认了土地私有权，但是实际运用起来很模糊。总体来说，这一时期的土地所有制改革步履艰难。第三阶段，从 21 世纪普京任总统至今。这一时期，对叶利钦政府土地私有化改革引发的农业危机进行了反思总结，继而提出稳定是改革的基础。这一时期，俄罗斯建立了土地混合所有制体系，颁布的《俄罗斯联邦土地法典》被称为土地改革根本大法，《土地法典》明确土地所有权与经营权的各种形式，规定土地征用程序，阐明土地流转中相关主体间的权利与义务。为了进一步规范土地制度，俄罗斯对《俄罗斯联邦土地法典》进行了百余次补充完善。当前，俄罗斯的土地立法与相关政策逐渐形成了本国特色，注重实用主义导向。最近一次的修订中增加了农业土地认证制度，并且注重农用地的抵押问题。当今的俄罗斯土地改革强调市场机制的作用，并且注重对土地资源的保护。①

俄罗斯的土地改革历程对我国农村土地流转的启示有以下几点：俄罗斯农村土地改革持续了很多年，过程可谓跌宕起伏，从中可以看出土地流转的决定因素并不是土地所有权问题，无论是土地私有制还是集体所有制，只有结合本国的生产力水平，通过合理的土地制度激发农村土地产权效能，才能取得土地流转实效。我国目前的农村土地应该继续坚持集体所有制，保障农村土地的合理利用。土地对于农民来说是生死攸关的大事，稳定合理的土地生产关系能够为高效的土地流转奠定坚实的基础，因此，我国的土地流转工作需要依据不同地区的实际情况，采取循序渐进的措施，万万不可采取激进的方式，以免导致大量农民失地。俄罗斯用30年的时间建立起了层级多、范围广的土地法体系，保障了土地流转的有效性和合法性。随着土地流转实践的发展，要注意及时更新相关法律法规，及时解决新问题。总而言之，激活土地产能的根本在于制定符合国情、行之有效的土地制度，并且做到立法严谨、执法公正、修法及时。

四、印度农村土地产权制度

与我国接壤的南亚大国印度，历史悠久，农业土地制度的发展经验比较丰富。近些年来，印度虽然第二产业发展速度迅猛，但仍然是一个以农业为主的发展中国家。印度的农业生产存在很多问题，由于印度农村地区人口基数大，出生率高，人口增长快，农村地区人均土地面积越来越少，并且呈碎片化分布，加上农田灌溉、技术改良、农机应用困难，导致生产力水平比较低下，难以形成规模经营，无法发挥规模化生产优势。尤其在印度东部和中部的传统农业生产地区，农村土地分散种植，土地利用效率极其低下，阻碍了农业的进一步发展。

20世纪70年代后期，印度农村地区土地集中在少数人手中，土地产权制度不合理。印度的小农群体（经营土地2公顷以下）和边际农群体（经营土地1公顷以下）占人口总数的60%，但是这两个人数众多的群体拥有的土地面积只占印度土地面积的23.5%。与此相对，不到人口总数的10%的印度农业人口中的

---

① 王璟淳. 转型时期俄罗斯农村土地流转制度研究及借鉴[D]. 南昌：江西财经大学，2019.

地主富农群体拥有将近90％的土地。

需要明确的是，印度的土地改革是以土地私有制为前提，为了改善无地或少地农民的境况，印度政府在30年间一共花费了超过65亿卢比从地主手中购买农业用地。但是，在实际执行过程中，公平分配土地的目标并没有完全达到。例如，由于印度允许土地拥有者保留一部分土地，使得这部分群体手中握有大量的优质农村土地。为了形成土地规模化经营，提高土地种植效率，印度各个邦政府都通过立法的方式，对土地进行合并。针对小块土地问题，有的地区采取强制措施进行合并，取得了较大的效果。另外，为防止垄断，印度政府对农户持有土地的最大面积进行了规定和限制，但是不同地区对于持有土地的最大面积数值的规定差距甚大。例如，有的地区不到10公顷，有的地区可能达到100多公顷。而且在土地最高限额制度中，不同邦政府的具体计量单位也不统一，使得这一制度在执行过程中出现了很多问题。法令的实施，对印度过剩或垄断的土地重新进行了调配，使得一部分无地、半无地的农户拥有了土地，保障了农民的基本生活，但这也带来了负面效果——土地呈碎片化发展的情况十分严重。因此，为提高农业生产力，既保障农民土地权利，又促进规模经营，印度实施了一系列农村土地流转等土地改革措施，但由于与农业实际发展情况脱节，各个邦政府的政策实施效果不佳，并且配套的资金支持跟不上。农民并未真正拥有可耕种的土地，无地农民日益增多，使得农村贫困的境况进一步加剧。完善的法律制度可以推动土地流转进程，但是印度从上到下都没有提供一个完备的法律环境，而且相关政府部门在土地流转过程中的作用不明显，职责缺失，最终导致印度很难形成良好的土地流转体系。

印度经验对我国农村土地流转的启示主要有以下几点：印度的土地改革效果微弱，没有实现平等的土地权利，对于占人口一定比例的农业无地群体来说，他们还是没有土地，因而，造成印度农村极其贫困。印度农业无地群体的数量还在上升，已经成为印度贫困人口的最大来源。在土地改革进程中，清晰的地产权制度及保障措施尤为关键，既要促进农业化的规模经营，又要防范农民失地、农村土地它用的风险。印度农村土地产权制度不合理、分配不公，而造成这种结果的原因主要是政府职能的缺失与定位不清。印度政府在立法和日常管理中的不作为导致了土地流转滞后的局面。因此，我国在农村土地流转实践中，各级政府要发挥引导与服务作用，保证我国农村土地流转的有序规范运行。在土地流转中，农民是主体，我国的各级政府部门不能越权代替农民决策，要以农民的意愿为主，发挥政府职能，保障农民的权益。

五、越南农村土地产权制度

毗邻中国的越南是一个人多地少的农业国家，农业在其国民经济发展中具有重要作用。我国在农业用地方面与越南面临的挑战和问题有诸多相似之处，因此，相互借鉴的可能性较大。

当今越南的土地所有权归国家，集体与个人享有使用权。越南的农村土地改革可以分为四个阶段：第一阶段为起始的集体化阶段，1945年后，为了消灭封建剥削，越南实施了一系列土地改革方案，农村经济得到了发展。这一时期的土地政策实现了农民土地所有制，并且于1975年底确立了农村土地集体经济所有体制。第二阶段为土地制度的摸索阶段。南北统一后的越南，为了解决土地产权不清晰、农民生产积极性低下等制约农业发展的一系列问题，进行了土地制度改革。这一时期，土地归全体人民所有，农村合作社在农业生产中继续发挥作用。"三五"承包制在水稻生产中的推广，充分调动了当时农村劳动力的生产积极性。第三阶段为越南土地制度改革的稳定阶段。这一阶段颁布实施了两部《土地法》，并且在越南实行了农村土地承包制。第一部《土地法》规定土地归全体人民所有，政府统一管理。十号决议明确农户可以直接承包土地，并且耕地承包时间延长到15~20年。为了解决农业生产中出现的新问题，越南政府于1993年颁布实施了第二部《土地法》，进一步保障农民的土地使用权。第四阶段为土地制度的完善阶段。这一阶段主要为土地流转建立逐步完善的法律政策环境。越南在2000年前后分别对第二部《土地法》进行了修订与补充，并于2003年颁布了第三部《土地法》，通过法律明确规定土地使用期限为有限期使用和长期稳定使用，并且对土地使用者的各种权利进行阐述，认定土地使用权为一项财产权利并受到法律保护。至此，越南先后颁布实施的三部《土地法》在制度层面为越南农村土地流转奠定了坚实的法律制度基础，并且有效保护了农民的土地权利。[①]

总体而言，越南土地制度的完善过程符合国家的需要，客观上促进了农业发展。具体而言，越南弹性的农村土地制度能够激发农村劳动力的生产积极性。越南土地产权的分割化、明晰化与流动化特征进一步促进了农村土地的流转与规模化经营。以《土地法》为基础核心的越南土地制度体系能够保证农民的稳定收益，促进越南农业专业化和现代化。

越南经验对我国农村土地流转的启示有以下几点：对比越南的农村土地财产权益而言，我国农民的相关权益保障相对落后。实践中因为产权所引发的纠纷较多，这损害了相关主体的合法权益。在土地产权保障方面，需要更加精准化，进一步明确规定农村土地使用权主体。另外，我国农村土地制度具有政府主导型的特点，因此，需要进一步完善农村土地相关的法律法规，细化规定，进而约束政府部门的行为，进一步保护农民的基本权益。

第二节　国内典型地区的农村土地流转模式

一、重庆模式

重庆在农村土地流转方面最引人瞩目的创新举措为"地票交易"。从这几年的实施效果来看，重庆的地票交易模式取得了一定的综合效益。2008年12月，重庆市成立了重庆农村土地交易所，与我国多数农村土地交易所不同，重庆农村土地交易所由重庆市政府出资5000万元成立，定位为非营利性事业法人，土地实物交易和地票交易是其两项最主要的业务。交易所在2008年12月初圆满举行了第一场地票交易会，标志着地票制度开始形成。

地票指将各种农村集体建设用地复垦为耕地后形成的新增建设用地指标。重

[①] 杨阳，马驰，常伟.越南农地制度改革及其政策启示[J].世界农业，2018 (4)：75-79.

庆市的地票制度经过实践检验与制度规范,当前的运行流程包括以下四个阶段。第一阶段为复垦。在本地土地规划部门的指导下,土地权利人需要向区县级土地主管部门提出土地复垦立项申请,申请主体必须提供以下资料:复垦土地的权属证明文件、土地现状的书面资料以及其他规定的资料。复垦立项得到批准之后,就可以进行复垦项目的实施。第二阶段为验收。区县土地主管部门牵头,会同农业水利部门,从数量和质量两大主要方面对复垦土地进行验收,发放合格凭证。第三阶段为交易。首先,重庆农村土地交易所根据接收到的书面申请,开展相关工作。其次,进行资料的审查,合格之后,土地交易所面向社会公开拟交易地票的基本信息,符合相关规定的国有企业、民营企业、组织结构以及自然人等都具有交易资格,可以申请购买地票。最后,经过法定程序交易后,购得者获得地票凭证。地票的基准价格由市政府综合各种费用因素确定,供交易双方参考。第四阶段为使用。购票者申请用地,办理手续,补偿农民。国土主管部门通过"招拍挂"等方式出让建设用地使用权。

农民、农村基层组织、区县土地行政主管部门、区县水利部门、区县农业部门、农村土地交易所、基层政府部门、地票购买者等各种性质的主体都参与了地票交易。显而易见,不同的主体在地票交易程序中应各司其职,发挥自身的最大效用。农民是地票的提供者,也是土地复垦的发起者与实施者。重庆地票的主要提供者来自经济相对落后的偏远地区。例如,2015 年重庆地票区域分布中,重庆东北生态涵养发展区十个县提供了全市 46.39% 的地票;重庆东南生态保护发展区六个县提供了全市 26.03% 的地票。这两个地区合计提供的地票占比为 72.42%,可见数量之多。各种类型的地票购买者因对地票的需求,客观上成为了地票交易的推动力。多样化的购票主体推动着重庆地票模式的发展,但重庆购票主体的发展水平极其不平衡。依据 2015 年末的一组数据,在重庆地票交易中,投融资平台和国有企业购买地票占比达到 45.11%,土地储备机构购买地票占比达到 24.23%。相对来说,民营企业的购买能力较低,只有 8.85%。政府为农民与地票购买者提供了地票交易所需的各种公共服务,成为连接这两个主体的纽带,而且政府制定的公平公正的地票交易规则成为地票交易合理有序运行的大前提。因此，农民、地票购买者和政府是地票交易制度的三大核心主体。[①]

重庆的地票交易制度起到了以下三方面的作用：第一，地票制度采用"先补后占"的方式，这种方式对于保护耕地比较有效。农村集体建设用地从地形地貌角度来说具有先天优势，复垦后的耕地无论是在光照条件还是土壤养分以及地形地貌等指标上都更加接近耕地的要求。并且为了保证复垦耕地的质量，重庆复垦耕地的验收标准较严格，使得地票制度能够达到占优补优的目的。第二，地票制度通过调整农民的土地财产性收入、经营性收入与工资性收入，在客观上增加了农民收入。其中，基于地票价款的收益所得是农民收入中价值最高的；复垦后新增的耕地使得农户扩大了耕地面积，进而增加了种植收入；参与复垦施工的农民可以获得复垦工作的工资收入，这是农民收入中的新增部分。第三，地票制度的推进可以有力支持乡村振兴战略的实施，为建设美丽乡村提供资金支持。地票制度中村集体获得的收益主要用于乡村基础设施建设，如三污处理、完善水电基础设施、绿化乡村环境等。

然而，重庆地票制度在制度设计和实施方面存在一些问题，例如，地票权利内容受限，降低了开发商购买的积极性；复杂多变的外部环境也给地票交易带来了许多负面影响，使得地票需求减少，效率降低。因此，需要深化对地票制度的改革，提高制度的效率。具体可以从以下四个方面着手：第一，给予地票购买者相应的购买优先权，增加其购买地块的能力。第二，增加地票使用范围，扩大地票覆盖的地理范围，合理增加地块类型。第三，维护农民在地票交易中的中心地位。地票制度的主要目标是增加农户收入，保护农民的利益。但是在地票交易过程中政府占据优势地位，两者的委托代理关系有时会导致利益冲突，出现侵害农民权益的情况。鉴于此，在地票制度的设计和实施中要深入了解农民的诉求，加大农民在地票交易中的参与权与申诉权，对政府的行为进行全方位监督。第四，为了进一步规范地票交易中相关责任主体的行为，必须重点关注规章制度的落实环节，建立问责机制与处罚制度。

重庆模式的启示如下：重庆地票制度是我国农村土地流转实践中的一种创新举措，具有一定的实践价值，但是也存在一些问题，例如，地票权限内容狭窄、

[①] 慕卫东. 重庆地票制度的功能研究：制度经济学视角[D]. 重庆：西南大学，2016.

影响购买者积极性。因此，我国不同地区的农村土地流转需要借鉴与创新并重，绝不可以搞一刀切，要因地制宜，结合本地区的经济发展水平、农民接受程度、城乡政策等，摸索出适合本地区的土地流转模式。

二、成都模式

成都作为我国西南地区的中心城市，常住人口中农业人口占到了一半以上的比例。成都的农业产权改革可以用四个字概括，即"确权赋能"。确权赋能的实质就是每家每户通过确权、登记、发证的环节，将宪法规定的农村土地的各种产权进行明确。通过确权赋能可以清晰农户的土地产权归属，为土地流转创造有利的基本环境。

2008年，成都选取了温江、双流等4个县（市、区）以及14个重点镇进行土地产权改革，改革主要围绕着农村集体土地、房屋确权登记及农村土地产权交易等几个主要方面进行。以成都市温江区为例，在相关土地管理部门的参与下，按照测量土地—结果公示—证书发放这样的基本流程开展工作，所有过程保证公平公开。2008年6月，温江区部分农民获得了土地权属证书"四证"、耕地保护卡与养老保险卡。

温江区实施"两放弃，三保障"的计划，其中，"两放弃"指统一为自愿放弃土地承包经营权与宅基地使用权的农户解决居住问题，解决社保问题。"三保障"具体是指：第一，在城市可以就业；第二，在城市拥有住宅，家庭住宿不成问题；第三，可以得到城市的社会公共服务。需要明确的是，选择后者就必须放弃前者。其实质就是身份的转变，农民转变为市民，物质进行交换。2010年下半年，成都对城乡居民进行户籍改革，消除了之前存在的城乡社保差距，这就意味着，温江区"三保障，两放弃"的做法不符合发展。同时，成都的一系列改革方案与规定客观上加速了农村土地流转的进程，为农村土地产权交易奠定了基础。2008年4月，成都市农村产权流转担保有限公司成立，主要担保土地承包经营权流转行为，以及其他涉农产权业务的信用业务。2008年10月13日，成都成立了综合性的农村产权交易所，这是我国第一家农村产权交易所，温江等第一批试点统一建立了农村产权流转服务中心。①

　　成都模式的启示主要有以下几点：第一，全面的农村产权制度改革是确保交易市场顺利运行的重要前提。"确权赋能"使得农村土地产权清晰，权责明确，保障了农民对土地的财产权利，进一步稳固了农民的市场主体地位。成都模式的"确权赋能"为土地流转奠定了基础，推动了成都农村各种资源要素的市场化配置与合理流动，加快了农村的市场化进程。第二，拓宽农民收入渠道，实现农民增收。通过确权赋能，农民对土地的占有权、使用权、处置权得到了长久的法律保障，并且进一步明确了转让、抵押、租赁等权利，实现了农民的财产性收入。至此，农民收入实现了多元化，改善了收入构成，农民的美好生活有了物质保障。第三，规范的服务流程为交易双方提供便利。在成都市农村产权综合交易市场有专门的综合服务中心，制定了详细的服务指南。为了提高运营效率，中心注重对服务窗口人员职业素质的训练，所有的服务人员都需要具备专业的能力和素养，还制定了标准化流程，方便交易双方直接办理各项手续。及时发布供求信息，通过各种渠道和手段提高交易效率，使农村产权交易进入有序、公开、快捷的轨道。第四，以耕地基金制度为核心，保护耕地，保障粮食安全。为了达到这个目标，成都设立耕地保护基金。为了规范基金的使用，相关部门对基本农田与一般耕地的补贴金额分别进行了明确规定，前者补贴为每年每亩400元，后者补贴为每年每亩300元。这种方式使得农民对保护耕地产生了极大的热情与动力，成为了耕地保护的主力军与监督者。对于有养老需求的农户来说，耕地保护补贴也可以转账到养老保险卡账户，抵扣相应的保险费，该制度开启了新型农村社会保险体系，帮助农户降低了流转土地的各种机会成本。需要强调的一点是，为了充分发挥耕地保护基金与养老保险之间互转的作用，在实践中需要进一步细化各种规则和条件。第五，推动农村社保制度的进一步完善。成都把耕地补贴与农村社保相连接的创新性措施，有利于拓宽养老保险在农村地区的覆盖范围，进一步缩小甚至消除城乡社保差距，这是一种农民城市化的可借鉴途径。

---

① 梅琳．我国农村土地流转模式研究 [D]．福州：福建师范大学，2011．

三、嘉兴模式

位于浙江北部的嘉兴具有独特的区位优势，它与上海、杭州、苏州等大中城市距离适中，交通便利，且地处太湖流域，自然条件良好，环境优美。嘉兴的城乡经济发展比较均衡，市财政支出保障了农村地区的基础设施建设。2008 年，嘉兴实施以农村土地问题为突破口的"两分两换"模式，以期进一步促进本地经济发展。"两分两换"的实质就是通过把农民的宅基地与承包地分割，房屋迁移与土地流转分开，进行"宅基地置换"和"土地换社保"。最终实现农民生活方式的转变和生产方式的转换，即由分散居住转为集中居住，由从事农业生产转变为从事第二产业或第三产业，也就是农民变为市民。

嘉兴的"两分两换"模式是一个复杂的系统项目，它涉及嘉兴的十个相关领域，"十改联动"为"两分两换"的实施提供了必要的制度环境和措施保证。而且嘉兴不同乡镇的经济发展、自然条件差异，要求政策的实施必须因地制宜，增加了"两分两换"模式的复杂性。因此，系统联动、因地制宜、循序渐进成为该模式成功的原则性要求。通过全市政策的统一引导与财政资金的大力支持，"两分两换"这种土地制度的根本性变革加快推进了农业现代化进程，提高了农民收入水平。根据刘晓霞、刘婷婷、栾玉洁（2015）的调查，截至 2013 年底，嘉兴全年新流转土地面积 11 万亩，累计已达 99.6 万亩，占到家庭承包耕地面积的 41.2%，其中，开展整村流转的有 32 个村，涉及流转土地 10.7 万亩。[①] 在嘉兴农村土地复垦中，1.7 万户农村房屋被集中改造，1.3 万亩土地被复垦。"两分两换"模式的实施使得嘉兴农民收入有了大幅度增长，在浙江省名列前茅。

嘉兴的"两分两换"模式在取得显著成效的同时，具体实施过程中也存在一些问题。首先，土地流转中农民的主体地位没有得到充分保证。据刘晓霞、刘婷婷、栾玉洁（2015）的调查，嘉兴三个试点镇大约有 40% 的农民对"两分两换"土地流转模式的现状不满意。一些农民认为他们是迫于无奈进行了土地流

---

① 刘晓霞，刘婷婷，栾玉洁. 基层政府在农村土地流转中的行为困境及其克服——以嘉兴市"两分两换"试点镇为例［J］. 经营与管理，2015（4）：139-143.

转,并不是自愿行为。从中我们可以看出,在土地流转的具体实施环节中,基层政府定位不清,他们是服务者、引导者和管理者,不是主体。部分基层政府由于绩效压力,在工作中所采用的方式方法存在问题,造成部分农民的利益被漠视,因此,基层政府在工作中要定位清晰,采取适当方式,保证土地流转中农民的主体地位,维护其权益。其次,在土地流转中,农户要在了解掌握全面准确信息的基础上进行决策,这样的决策结果才能理性并且科学。但是在土地流转实践中,各种原因导致绝大部分的农户对土地流转的必要信息不清楚、不了解,例如,土地流转信息更新缓慢甚至停更,管理不到位致使土地流转产生纠纷,调解职责缺位等。农户缺少独立决策的能力,完全被动接受,致使农户的权益得不到维护。最后,需要进一步加强关于配套设施的建立、完善与精准化管理。具体表现为:来源不同居民的融合问题,治安管理问题,配套的基础医疗卫生、交通、教育等公共服务需求问题,这些都是新社区面临的亟待解决的民生问题;通过"两分两换"模式流入大量土地的以农业生产大户为代表的相关主体,需要资金、政策、配套用地等各方支持与协助,而这方面的工作力度显然需要进一步加大;对于流出土地的农民来说,尤其是那些特殊年龄段的农户,可能会对未来产生焦虑、担忧等负面情绪,因此,需要对这部分敏感农户的心理问题进行专业的疏导与重视。

嘉兴模式的启示有以下几点:第一,通过引进与培育农业现代化经营组织,进一步激发土地效能,发挥农村土地承包经营权的经济价值,确保"两分两换"模式持续实施。为了利用成片集中土地的规模优势,提高土地产出比率,建设现代化农业,经营主体的作用是关键。因此,农业龙头企业和专业合作社的引进与培育工作是"土地承包经营权换保障"的动力来源,嘉兴可以利用自身的区位优势,利用农业现代化经营组织,结合本地农村的特色,开展农业+旅游的模式,进一步提高流转土地的价值。第二,"两分两换"模式使得农民的生产方式和生活环境发生了翻天覆地的变化,其中,身份的转变对农民的影响颇大。因此,为了提高农民未来的生存能力与就业实力,成人职业教育培训是工作的重点。尤其要注意培训工作的精准分类,并且要照顾到特殊群体的需求,如残疾人群体等。第三,基层政府准确定位,促进信息公开,提高工作效能,提升服务质量。为确保农民在土地流转中的主体地位,保障他们的合法权益不受侵害,基层政府要依法开展工作,对涉及土地流转的相关信息要及时公布,避免信息不对称,同时,要加强对基层政府工作的全方位、多形式的监督。第四,农村土地流转工作是一项影响面广、耗费时间长且具有挑战性的工作,因此,需要遵循客观规律,循序渐进。不同区域的经济发展水平、自然条件、文化习俗差异较大,因此,需要因地制宜、实事求是地制定发展规划,分层次、分步骤推进,通过不断积累实践经验,逐步完善嘉兴模式。

四、代村模式

近些年来地处沂蒙山区西南的千年古村陵县代村由于其农村土地流转形成的农村土地规模化、集约化经营与美丽乡村建设方面的亮眼成绩而载誉无数。代村农户数量接近1000户,人口3500多人,实有耕地173.3公顷。多年来,代村在上级政府的支持与领导下,以发展生产力为根本,勇于探索,大胆实践,充分利用自然环境和得天独厚的人文条件,以现代农业发展助推美丽乡村建设。目前,代村的农村土地全部流转,用于建设山东省唯一的国家农业公园——兰陵国家级农业公园。兰陵国家级农业公园的建设及运行对代村的经济发展起到了重要的推动作用。近年来,代村响应国家新农村建设号召,村内建立起了代村社区,常住人口达到10000人左右。

基于对2004年与2005年中央一号文件的深入学习,结合当时代村土地分散阻碍农村土地集约化、规模化经营的状况,在王传喜的带领下,全村2600亩土地成功流转。流转土地的村民可以获得如下收益:土地流转收入每年每亩500元,每月的生活必需品补贴,定额的粮食补贴,通过代村自办的各种创业项目为剩余劳动力解决就业问题。代村的土地流转为后期的休闲旅游模式奠定了坚实的基础。之后,代村根据实际地理交通因素,规划了"五区一网",在种植区实行"公司+基地+农户"的运行模式,在企业的带动下实施了规模化种植与标准化生产,取得了喜人的成绩,这里培育的有机农作物得到了上海世博会的青睐认可。2007年,代村创办了农业示范园,推广应用先进的现代科学技术,加快推进了代村的现代农业发展进程。2013年开园的兰陵国家农业公园是代村发展乡村旅游的重要起点,建立了一种体验式互动休闲融入特色文化的新型旅游模式。

以兰陵国家农业公园为核心的代村乡村休闲农业模式成功地把第一产业与第三产业相结合，解决了村民的吃饭问题，使得人人有工作，保证了村民的稳定收入，为加快新型农村建设提供了一种可供参考的方案。①

代村的土地流转模式分为两种：合作社带动模式与龙头企业主导模式。代村的农业+旅游模式的基础正是土地流转。代村农村土地流转成功的原因主要有以下三点：第一，独特的地理位置优势。代村紧邻兰陵县城，有利的区位优势吸引了一批农业企业，利用企业的带头作用实现了代村的土地流转。第二，代村在21世纪就开始发展村产业，保障了村民的基本生活，土地流出意愿高，推动了合作社流转模式的形成。第三，代村基层领导干部以村民的利益为中心，指导分析村民的土地流转具体工作，有力推动了代村的土地流转进程。

山东代村模式给本地村民带来了实实在在的经济效益和长长久久的社会效益。山东代村的所有农村土地全部成功流转，根据张森和徐小任（2019）的研究，代村抽样农户2018年年均纯收益为5.52万元。② 代村村民流转的土地主要用途为建设兰陵国家农业公园。代村农民的收入构成为流转土地收益与农业公园工作收入之和。流转土地之前，代村村民的收入与其他地区农民收入来源基本一致，主要是务农与打工收入。2018年，我国农民人均纯收入1.46万元。5.52万元与1.46万元之间的差距，足以说明代村土地流转带来的经济收益。

山东代村模式的社会效益表现在以下几个方面：第一，通过给农民提供农业公园内的工作岗位，妥善安置了代村的剩余劳动力，解决了农民吃饭的问题。而且，为有需要的村民培训劳动技能，提升了他们的就业竞争力。第二，代村为农户提供各种生活福利，提高了村民的生活质量，如养老金、全民医疗保险、大病救助、教育补助与奖励、免费发放新鲜果蔬以及免费供暖等。这些民生福利充分体现了代村村集体对全村人民的深切关爱。第三，代村加强物质文明建设的进程中，同样不放松精神文明建设，通过文化建设和道德建设，塑造了积极向上、具有文化底蕴的村容村风。例如，代村投建大量文化活动场所，举办一系列的文化主题活动，丰富村民的业余文化生活，用奋发向上的正能量引导全村人民的价值

---

①② 张森，徐小任. 兰陵县代村农地流转模式及效益分析［J］. 现代农业科技，2019（12）：256-258.

取向；代村每年定期举办各种旨在提高村民道德水平的评奖评优活动，有效提高了全村人民的道德素养。因此，代村村民的生活幸福指数非常高，村民的生活奔头十足。

山东代村土地流转的启示如下：代村的所有发展都源于土地流转，通过土地的集约化、规模化经营，激发了土地效能，发展了集体经济。通过壮大的集体经济提升了代村的基本公共服务与环境，进一步发展现代农业，把农业与第三产业相结合，创造条件发展第二产业，使得三产互相促进发展。代村的发展向我们证明农村、农业、农民的土地问题离不开敬业、认真、年富力强，以群众为重的好领导、好干部，在乡村振兴和建设美丽新农村的过程中，选好领头人是关键，基层党支部的权威性和感召力发挥着重要作用。

五、塘约模式

位于西南地区的贵州省安顺市平坝区乐平镇塘约村是一个名不见经传的普通小村庄，没有区位优势，没有肥沃的土地，甚至在2014年之前属于贫困村庄。但正是这样的一个贫困村庄，在两年时间内蜕变成小康示范村。

塘约模式的主要内容可以概括为：坚持党的领导，以农村土地确权为前提进行土地流转，成立村社一体化的金土地合作社，利用合作社集中农民与农村土地两大资源，通过合作社内部的现代化企业管理方式与合理的运行机制，坚持市场为导向，产业调整为目标，通过壮大集体经济，带领全村人民致富增收，建设美丽民主的新塘约。

2014年，两场洪水淹没了塘约村的大部分房屋和土地，全村的生产和生活资料被摧毁，使得本就贫困的塘约村彻底没有了出路。灾难面前，塘约村委会经过多轮集体会议研究制定了改革方案，在全村村民同意的基础上，以土地流转激活土地资源为前提，成立了金土地合作社。金土地合作社的第一笔启动资金来源于村委会成员的贷款，总计110万元。这笔沉甸甸的资金是塘约村委会干部对全村人民的担当与责任，主要用途为支付土地流转费用，为种植莲藕购买所需的农用物资和机械。功夫不负有心人，2015年下半年，金土地合作社的第一笔收入86万元进账了。这极大激发了塘约村民加入金土地合作社的积极性。之后，塘约村进行了"七权"确权登记。"七权"具体指农村土地承包经营权、林权、集体土地所有权、集体建设用地使用权、房屋所有权、小型水利工程权、农村集体财产权。"七权同确"使得塘约村初步形成了"三权分置"的局面,为后续的产权交易与入股入社奠定了基础。①

2015 年底,塘约村 70% 的土地流转到金土地合作社,农民以承包经营权转化为股权,全体村民都是合作社的股东。塘约村的确权、确地、确股到每一户的新型集体化是一种创新型的农业生产关系,为全村的增收致富奠定了坚实基础。确权之后,塘约村委会带领全村村民以金土地合作社为核心,农工并举,壮大集体产业经济。在集中的土地上发展以各类果蔬和经济作物种植为主的农业现代化,并且依托金土地合作社将剩余劳动力按照性别与技能进行分类,组建相关的产业经济组织。值得一提的是,为了进一步提高金土地合作社经营的市场化与扩大产业覆盖范围,在产权不变的基础上,塘约村委会大胆创新,与独立的第三方公司进行合股联营。例如,由来自北京的一家旅游规划公司为塘约提供旅游资源开发、农业公园设计和培训管理等专业上的支持与服务。这样既为村民提供了大量的工作岗位,又可以吸引周边地区更多人才加入。农工并举的产业发展之路给塘约村带来了实实在在的收益,村内生活环境大大改善,交通道路优化升级,村民的生活基础设施逐步完善。在两年时间里,塘约村集体收入金额达到 200 万元,人均可支配收入金额为 1 万多元。

塘约村的发展模式中非常突出的一点就是基层群众自治,通过自我管理、自我监督激发村民的主人翁意识。塘约村拥有健全完善的村民民主组织和制度,保证村民的自我管理与监督。例如,通过村务监督委员会对村内的大事小情进行监督,对村里各项工作的落实、透明性、公平规范性等进行全程监督,以保障村民的合法权益。为了消灭陈规陋习,提高全村的精神文化层次与社会公德素养,通过村规民约的方式去约束村民的行为,让村民知道有所为有所不为,并且通过村干部的宣传教育让他们明白其中的道理,进一步把向上的正能量内化为村民的价值观。

贵州塘约模式的启示有以下几点:第一,塘约模式的村社一体集体经济组织

---

① 吴星明. "塘约道路"的治理逻辑及其推广价值研究[D]. 长沙:湖南师范大学,2018.

在这些年的发展中起到了极其重要的作用。村社一体的核心思想为，在坚持党的领导下，村民组织管理全村公共生活事务和集体经济问题，合作社主要负责生产经营活动。村社合一不仅保证了集体经济的统一发展壮大，而且明确了塘约村土地集体所有制的主体，激活并充分利用了土地的效能。第二，从塘约工农并举的措施以及获得的成效中，我们可以明确，单一的农业种植是没有竞争力的，要想让农民增收，发展壮大集体经济，就必须进行产业结构调整与优化升级。塘约模式中流出土地的农民在第二产业、第三产业中发挥作用，获得可观的经济收入。因此，全国各地农村在土地流转集中之后，需要根据不同地区的实际情况，在保护耕地的基础上，将传统文化、农产品、自然条件等各要素相结合，三产融合发展。第三，塘约村十分重视对党员干部队伍的培养与建设，以党总支书记左文学为带头人，全村党员干部积极向上、听党指挥，村干部心中装有老百姓，把群众的事情当作自己的事情来完成，才能带领全村人民从贫困村翻身变为先进示范村。

第六章
我国农村土地流转的条件与障碍

第一节 我国农村土地流转的条件

一、政策创新为农村土地流转提供了制度环境

1988年的宪法修正案标志着我国从法律上开始解禁农村土地流转，奠定了农村土地流转的法律基础，并逐步向农村规范化经营权流转的改革方向发展。在2014年的中央一号文件中，提出要把推进农村土地经营权制度的改革发展作为全面推进和深化新一轮农村土地改革的重点任务，启动了我国新一轮农村土地改革的发展热潮。中央一号文件鼓励农民将承包经营权在农村土地公开市场上向家庭专业生产大户、家庭专业农场、农民合作社、农业生产经营企业等进行流转，发展多种形式的规模经营。这个文件具有重要而深远的影响，它为我国农村土地流转指明了方向，开启了农村土地规模化经营的新篇章。2016年10月，中共中央办公厅、国务院办公厅《关于完善农村土地所有权承包权经营权分置办法的意见》正式出台，从"两权分置"到"三权分置"，成为我国当前推进农村土地承包制度经营权改革的重大突破点和制度改革创新，进一步规范和推动了农村土地

经营权流转的健康发展。为了发展我国农业现代化，中国共产党第十九次全国代表大会对我国目前的土地政策提出总体要求，即目前的农村土地承包关系保持稳定并长久不变，第二轮土地承包到期后再延长30年。按照十九大精神，2019年，中共中央、国务院提出了"两不变、一稳定"的土地政策，进一步保护我国农民的基本权益，给予他们经营土地的信心与政策保障。在新时代，"两不变、一稳定"核心主旨是对我党一贯以来的农村土地政策的继承、发扬与创新。我国政府提出的这些关于土地产权制度与鼓励土地流转的法律法规与政策文件，进一步推动了我国农村土地流转的进程。

与此同时，我国各级地方政府根据本地情况从行政措施方面大力扶持土地流转，使得各地农村土地流转朝着有序合理方向发展。以吉林省为例，十几年来，在国家相关法律法规和土地政策的指导下，吉林省政府立足于农村发展实际情况，制定并实施了一系列土地流转方面的条例与意见，这些政策文件涉及吉林省农村土地流转的各个方面。以下简要介绍几个影响重大的相关规定：2005年《吉林省农村土地承包经营管理条例》详细规定了吉林省农村土地流转合同签订的方方面面；2005年9月出台的《中共吉林省委、省人民政府关于农村土地承包经营权流转的若干意见》在保证农村土地流转有序发展方面提出了具体的政策规定；2009年，聚焦吉林省土地承包经营权流转交易市场的若干问题；2012年，重点关注农村土地的确权、登记、发证等工作，并且该项工作历经几年的时间于2019年完成。

近几年来，吉林省土地流转工作取得了一定成效。首先，截至2019年底，吉林省流转土地2828万亩，完善农村家庭承包合同1.6万份，颁发证书10.4万份，颁证率达95.9%。确权数据合库接边工作基本完成。其次，新型经营主体达到22.18万户，经营规模达到2455万亩。吉林省为了扶持新型经营主体，把提升从业人员素质与能力作为重点工作，依托吉林省内各个相关大专院校和科研院所，采取多样化的培训模式，开展农业技术培训。近3年，大约400多名省内农民远赴国外发达国家进行农业现代化学习深造，为吉林省农业现代化建设提供了有力的人力资源保障。再次，吉林省成立704个土地流转服务中心，专兼职工作人员3202人，全年接待农民咨询7万人次，促进劳动力转移39.6万人。最后，2014年以来，吉林省开始着手建设农村土地流转平台，每年在现代农业发展资金中拿出1000万元作为投入，主要以县乡两级为重点进行建设。

二、企业家类型村干部群体推动农村土地流转

村干部群体在我国农村土地流转工作中起到承上启下的重要作用，他们负责向农民宣传与解读各级政府部门关于土地流转的政策文件，而且他们在政策执行环节的质量直接影响到农村土地流转工作的效率与农民的满意度。因此，村干部群体尤其是高素质敬业的村干部群体成为我国土地流转工作的重要推动力量。

有学者根据村干部在土地流转中的参与程度与发挥作用的大小，将其分成了几种类型，分别为企业家类型、中间人类型与旁观者类型。第一种类型的村干部为了本地老百姓的利益，兢兢业业，勇于探索，在本地土地流转工作中发挥核心作用，通过细致认真的文件解读与因地制宜的工作方式，把本地与外地的各种现代农业经营主体连接起来，建立特色的土地流转模式，带领全村百姓发家致富。这种村干部是推动我国农村土地流转的中坚力量。第二种类型的村干部把上级政府的土地政策向村民进行传达，如果有合适的土地流入主体，他们会在中间作为媒介，帮助土地流转。但是显然他们的工作缺乏积极性、主动性与创新性。最后一种村干部在土地流转中无所作为，丝毫不关心土地流转工作，极其不负责任。

近些年来，在我国各地农村土地流转工作中，涌现了一批心中装有老百姓、为百姓谋福利的企业家类型干部，山东代村村支书王传喜、贵州塘约村支书左治学就是他们中的典型代表。他们二人在各自的岗位上兢兢业业，带领基层村委会，为推动本村的土地流转工作以及农业现代化贡献自己的全部力量。

三、确权工作的推进，促进农村土地流转

根据科斯定理，我国农村土地只有产权界限归属清晰，才能够降低各种土地交易费用，进而激发土地效能，推动农村土地市场交易发展，因此，我国农村土地确权可以推动土地流转。

从激励效应的角度来说，农村土地确权使得土地产权的稳定性和安全性有了基本的保障。对我国的农民来说，土地意味着一切，土地关系着身家性命，土地

关系着人们对未来生活的所有期待。在我国农村地区，土地对于农民来说，既有保障生活的基本作用，同时也具有升值的投资作用。当土地产权边界模糊时，农民的失地忧虑就会降低流转土地的意愿，进而影响到土地流转的行为。对于转出土地的主体来说，确权使得他们的土地承包权的物权性质在法律上进一步得到明确，增强了土地流出主体对土地的控制权，并且提高了他们对抗侵权行为的能力。因此，农民增强了信心和能力，进而可以义无反顾地流出土地。对于流入土地的主体来说，确权之后流入土地稳定性的激励作用不可忽视。基于确权之后的土地进行交易，土地流转双方因为产权产生的纠纷大幅度降低，双方会更倾向于签订长期交易协议，这样有利于土地流入方的长期收益。确权使得人们相信流转后的土地具有稳定性和安全性，土地租入的概率与面积都会上升。

从交易费用的角度来说，土地流转过程中会产生两类交易费用，一类是产权不清晰带来的土地制度风险，另一类是交易过程中各种行为产生的费用，如信息搜集费用、谈判费用、监督费用等。这两类费用中，土地制度风险带来的不确定性会给农民带来更高的交易费用，进而影响土地流转。对土地进行确权，使得农民的土地产权边界清晰，就会减少各种不确定性，进而降低土地制度风险。对于转出土地的主体来说，确权工作对农户的宣传普及使得各种土地产权知识深入人心，因而，后续交易过程中的侵权行为和纠纷发生的概率能够大大降低；确权需要对土地的各种信息进行精确的记录，这样能消除信息不对称，而且通过精确测量得到的土地信息可以成为解决纠纷的基本依据。对于流入土地的主体来说，土地确权减少了流转双方因纠纷产生损失的概率，尤其是大量转入土地的新型农业经营主体，确权进一步保障了他们经营土地的稳定性，进而有利于他们获得长期收益。基于土地确权，土地转入主体能够提高与农户沟通交流的效率，降低了各种成本费用，有利于更多农村土地流转行为的发生。总而言之，无论对于土地转出主体还是转入主体，确权使得土地交易双方可以获得更多更长久的收益，有助于彼此互相信任，进一步促进土地交易规模的扩大。因此，土地确权可以降低交易成本，促进土地流转。

目前，我国的农村土地流转实践中存在着这样的普遍现象：出于对失去土地的担忧，农民会把自己的土地通过亲朋好友等熟人渠道进行流转，这种情况导致土地价格完全脱离市场机制，价格非常低廉，甚至出现免费种植的情况，结果就是我国大部分地区的土地流转市场发育落后，市场机制几乎没有发挥作用。通过土地确权，农民的权利有所保障，土地市场价格机制得以发挥作用。也就是说，确权可以提高土地的价值，增加农民土地流转的积极性。对于转出土地的主体来说，一方面，确权扩大了他们选择交易对象的范围，而不仅是熟人，还可以接触到新型农业经营主体，使得双方的协议长期化，并且土地的流转价格可以更加接近市场价值，提高农户的财产性收入，激发更多的农户流转土地；另一方面，确权工作的进一步普及与落实可以让更多的农民具有商业意识，增进他们对于土地这种生产要素的市场价值认知，提高其参与土地流转的程度。对于流入土地的主体来说，一方面，确权使得交易价格上升，需要更多的土地流入成本；但是另一方面，通过土地确权，流入土地的主体可以凭借土地进行抵押担保等金融活动，使他们的流转收益有所增加。如果收益增加幅度大于流入成本的增加幅度，那么他们依然有利可图。

徐莫言（2019）基于CFD数据库对2017年的相关数据进行实证分析，指出我国农村确权政策推动了土地流转。[①] 农户家庭特征不一样，确权政策对土地流转的影响程度不一样。土地确权政策对以下特征的农户家庭会产生较大影响：家庭户主为男性且年龄大于60岁，身体状况不佳，这类家庭务农的主观能动性差，而且生产效率低下；家庭成员中没有人接受过农业技术培训和相关补贴，这类家庭因为缺少外力的帮助，缺乏生产积极性和驱动力；经常性地调整土地或具有土地被征收经历的农户，这类家庭对于土地的稳定性没有信心。

我国农村土地确权政策主要分为两部分，第一部分是土地承包期限的政策；第二部分是农村土地确权、登记、颁证的政策。我国关于土地承包期限的总体思想可以归结为：以稳定承包关系为基础，不断延长承包期限。我国的确权登记颁证政策始于1997年。经过十多年的发展变化，直到2013年，我国农村土地确权工作才开始全面展开。2014年，在山东、安徽、四川三个省份第一次开展整省确权试点工作，经过四年的不懈努力，截至2017年12月底，全国31个省（区、市）全部进行了农村土地确权登记颁证工作，确权工作共覆盖全国2747个县级

---

① 徐莫言. 农村土地确权对中国农村土地流转的影响研究——来自CFD数据库的证据［D］. 杭州：浙江大学，2019.

单位、3.3万个乡镇、54万个行政村。其中,承包地确权面积11.59亿亩,80%的第二轮家庭承包地面积已经顺利进行了确权登记颁证。确权登记颁证制度进一步推动了我国农村土地市场发展。无论是土地流转面积,还是参与土地流转的农户数量和签订的合同数量,都呈现增长态势。①

四、其他推动农村土地流转的条件

首先,随着我国整体经济的发展与城镇化、工业化步伐的加快,农村劳动力转移到城市与城镇已经成为必然。我国大部分地区的农村老人和妇女承担起农业生产的重任,许多农村地区优质劳动力资源被削弱。一方面,许多进入城市打拼数年并且已经扎根城市的农民群体,流出土地的意愿比较强烈,但是由于各种障碍,只能选择撂荒或者熟人代耕,导致土地流转价格极低甚至免费耕种。与此同时,一些打算转入土地的主体找不到足量合适土地进行适度经营。因此,无论对于土地出让方还是流入方,都需要土地承包经营权流转来解决各自的实际问题。另一方面,目前,我国城乡收入差距较大,许多农村青壮年劳动力在一二线城市打工的收入每年可以达到数万元及以上。而农村地区一亩地一年的收益可能比不上在城市打工一个月的收入。因此,众多农村青壮年劳动力流入城市,这就需要农村建立规范的土地流转市场,推动农村土地承包经营权的健康合理有序流转,以适应目前我国的城镇化发展进程。

其次,当前我国各个省份的农村土地流转规模不断扩大。大量农村土地流入专业大户、农业企业等主体,发展适度规模经营,提高农村土地的产出效率。并且为了响应中央政府的政策号召,各地各级政府积极因地制宜建设农村土地流转平台,进一步推动农村土地流转。实践中,一些省份已经取得了一定成效。以吉林省为例,2012年,吉林省第一家农村产权交易中心在通化市辉南县成立,然后在吉林省进行推广。经过几年的发展,截至2019年底,吉林省成立704个土地流转服务中心,专兼职工作人员3202人,全年接待农民咨询7万人次,促进劳动力转移39.6万人。2014年以来,吉林省开始着手建设农村土地流转平台,

---

① 卢静. 农村承包地确权工作进入收尾阶段[N]. 农民日报,2018-05-05.

每年从现代农业发展资金中拿出1000万元作为投入，主要以县乡两级为重点进行建设。

最后，我国农村土地流转形式越来越多样化，实践中出现了一些新型的土地流转方式，进一步推动了土地流转。目前，我国众多土地流转形式中以转包和出租为主，其他方式比例较低，需要进一步发展。

第二节 我国农村土地流转存在的问题

一、制度层面

（一）土地承包权不完整

依据《中华人民共和国农村土地承包法》和《农村土地承包经营权流转管理办法》，土地的承包方和法人可以自主决定农村土地的承包经营权流转方式及其经营管理方式，但是这两个法案仍然明确规定，发包方需要先经承包方同意进行农村土地的承包经营权流转，然后农村土地的承包方和法人可以将其土地经营权进行一次性流转。但是在实践中，具体体现为农村村集体对农民的土地经营权流转的认可成为农民进行土地流转的先决条件，农村村集体对土地承包经营权仍有相当大的支配力，这就导致农民在土地流转过程中难以独立行使支配权。

（二）流转方式的限制

根据《中华人民共和国农村土地承包法》的规定，在未经土地发包方同意土地流转的前提下，有稳定非农劳动职业及非农劳动收入的土地承包方可以将其农村土地经营权转让或出售给其他个体农户。根据《中华人民共和国农村土地承包法》和《农村土地承包经营权流转管理办法》，通过公开招标、拍卖、公开协商等多种方式依法承包的农村土地，经依法登记取得土地承包经营权证或林权证等证书的土地承包经营权方可以抵押。法律法规对土地流转进行诸多限制,造成土地承包经营权的流转期限过短,而参与土地流转的种植大户无法对土地进行长期投入规划。这些限制对真正实现规模化经营形成了阻碍,土地流转不能顺畅进行,土地零散现状难以根本性改变,种植大户无法从土地经营中获取高收益。

(三) 政府引导与服务缺位

农村土地流转立法仍有待完善。现实中仍存在具体的土地流转事实无法得到法律确认,对参与土地流转主体的权利与义务无法做出明确规定等问题,这对于农村土地流转构成重大障碍。农村土地流转多以口头协议代替正式合同,因此,土地流转时间短,具有不稳定性,也易产生纠纷。[1] 冷明智认为,在土地流转过程中,存在企业与村集体之间的暗箱操作情况,这对农民利益造成极大的破坏。土地流转承包经营权变动等土地登记管理制度仍然亟须进一步完善,这对于农村土地流转的健康发展构成了威胁。[2] 农村土地流转过程涉及广大农户利益,交易过程由于缺乏严格的政府部门的监管,这使得所有参与农村土地流转的个体的利益容易受到侵害,也容易导致集体土地资产流失。农民对于土地流转缺乏相应知识与信息,而政府应积极对其进行引导与服务,以维护广大农民的利益,并有效促进农村土地利用和流转的健康发展。

二、市场层面

(一) 中介服务组织欠缺

农村土地流转多为农民自发行为,没有相应准则,也缺少相应定价指导,这使得农民在土地流转过程中利益受损,进而削弱其持续进行土地流转的动机。而且农民普遍受教育程度较低,活动范围较小,获取信息能力较差。这导致农民跨区进行土地流转的能力较弱,因此,农民很难自发进行大规模的土地

---

[1] 戴志华.湖南省娄底市农村土地流转研究 [D].长沙:湖南农业大学,2010.
[2] 冷明智.农村土地流转问题研究——以湖南省益阳市为例 [D].长沙:湖南农业大学,2011.

流转。而中介机构可以对土地流转过程进行服务,以规范流转行为。中介机构也可以在农户之间实现更广泛的信息互通,以帮助农民进行更大规模的土地流转。大量研究也表明,中介组织服务的缺失抑制了农村土地流转。向邦伟[①]、张红玉[②]、邓泓鸿、宁静、陈国升[③]通过对不同地方农村的情况进行研究,得出相似的结论:由于土地交易中介组织与服务的严重缺位,使得中介与农民之间的信息沟通不畅,土地交易成本上升,土地交易的风险性也随之增高,继而严重抑制了农民自愿进行土地流转的意愿与积极性,并大大降低了其土地流转速度与土地交易规模。

(二)高质量网络信息平台缺失

从农村现有产权交易统计信息来看,受到企业资金投入、专业水平以及技术人员专业技能等限制,虽然目前农村的产权交易中心网站逐步得到发展和建立,覆盖范围较广,但实际运营能力严重不足,技术和管理方面不尽如人意,部分职能形同虚设。例如,某些企业在农村产权交易信息服务中心网站上设立了"业务平台""业务公告""成交公告"等多个服务模块,虽已正式设立却基本无任何交易主体相关的信息或信息来源,且更新缓慢。因此,形成了相关信息供不应求的矛盾,不便于交易主体使用和进行信息搜索,使得农村产权网络平台实际使用频率不高,没有充分转化为公共服务产业。另外,由于农村产权信息服务平台网站需要及时搜集产权转让方与交易主体受让方的有效信息,平衡双方合法权益,完成相关信息的分析、处理、整合、发布等一系列工作,公司需要具有综合全面的专业知识和人才储备,对于工作人员的技能水平要求相对较高,但现实却是这些平台运营管理能力相对不足,所提供服务有限。[④]

---

① 向邦伟. 基于多中心治理的贫困山区农村土地流转机制创新研究——以湖南省湘西自治州为表达对象的实证分析[D]. 武汉:华中师范大学,2013.
② 张红玉. 农村土地流转问题研究——以麻阳苗族自治县为例[D]. 长沙:湖南农业大学,2013.
③ 邓泓鸿,宁静,陈国生. 湖南省新型城镇化进程中农村土地流转模式选择及其实现路径研究[J]. 云南地理环境研究,2015(1):44-49.
④ 李清,刘鸣霁. 吉林省农村产权交易市场建设现状与对策研究[J]. 经济视角,2017(5):81-86.

三、人才层面

根据国家统计局第三次农业普查的全国和省级主要指标汇总数据[①],我国农业生产经营人员普遍受教育程度较低。农村土地流转后,所形成的规模农业经营户及农业经营单位的农业生产经营人员受教育程度仍较低。这对于充分应用农业新科技和我国农业真正迈向现代化,形成了严重阻碍。

(一) 农业生产经营人员受教育程度较低

基于第三次农业普查数据,根据表6-1可以得出,我国农业生产经营人员受教育程度构成为:未上过学的农业生产经营人员占比6.4%,小学文化农业生产经营人员占比37.0%,初中文化农业生产经营人员占比48.4%,高中或中专农业生产经营人员占比7.1%,大专及以上农业生产经营人员占比1.2%[②]。由此可以判断,不论从全国还是各个地区来看,我国农业生产经营人员受教育程度集中于初中及小学,其中,初中文化占比最高。据此可以说明,我国农业生产经营人员受教育程度较低,难以支持农业现代化发展。

另外,据表6-1亦可得出结论,我国农业生产经营人员从事种植业比例较高,而林业、畜牧业、渔业及农业服务业占比过少。这严重阻碍了我国农业产值的提升,对于合理发展农林牧渔业亦形成损害。

表6-1 农业生产经营人员结构

	全国	东部地区	西部地区	中部地区	东北地区
农业生产经营人员性别构成					
男性	52.5	52.4	52.6	52.1	54.3
女性	47.5	47.6	47.4	47.9	45.7

---

① 国家统计局. 第三次全国农业普查的全国和省级主要指标汇总数据 [EB/OL]. (2018-07-17). http://www.stats.gov.cn/tisi/zxfb/201807/t20180717_1610260.html.

② 四大地区:东部地区包括北京市、天津市、河北省、上海市、江苏省、浙江省、福建省、山东省、广东省、海南省;中部地区包括山西省、安徽省、江西省、河南省、湖北省、湖南省;西部地区包括内蒙古自治区、广西壮族自治区、重庆市、四川省、贵州省、云南省、西藏自治区、陕西省、甘肃省、青海省、宁夏回族自治区、新疆维吾尔自治区;东北地区包括辽宁省、吉林省、黑龙江省。

续表

	全国	东部地区	西部地区	中部地区	东北地区
农业生产经营人员年龄构成					
35岁及以下	19.2	17.6	18.0	21.9	17.6
36~54岁	47.3	44.5	47.7	48.6	49.8
55岁及以上	33.6	37.9	34.4	29.5	32.6
农业生产经营人员受教育程度构成					
未上过学	6.4	5.3	5.7	8.7	1.9
小学	37.0	32.5	32.7	44.7	36.1
初中	48.4	52.5	52.6	39.9	55.0
高中或中专	7.1	8.5	7.9	5.4	5.6
大专及以上	1.2	1.2	1.1	1.2	1.4
农业生产经营人员主要从事农业行业构成					
种植业	92.9	93.3	94.4	91.8	90.1
林业	2.2	2.0	1.8	2.8	2.0
畜牧业	3.5	2.4	2.6	4.6	6.4
渔业	0.8	1.6	0.6	0.3	0.5
农林牧渔服务业	0.6	0.7	0.6	0.5	1.0

（二）规模农业经营户农业生产经营人员受教育程度较低

农村土地流转后，将实现农业规模经营，也将形成规模农业经营户。基于第三次农业普查数据，根据表6-2可以得出，我国规模农业经营户农业生产经营人员受教育程度构成为：未上过学农业生产经营人员占比3.6%，小学文化农业生产经营人员占比30.6%，初中文化农业生产经营人员占比55.4%，高中或中专占农业生产经营人员占比8.9%，大专及以上农业生产经营人员占比1.5%。由此可以判断，不论从全国还是各个地区来看我国农业生产经营人员受教育程度集中于初中及小学，其中，初中文化占比最高。据此可以说明，我国规模农业生产经营人员受教育程度较低，对于农业发展形成阻碍。

另外，据表6-2亦可得出结论，我国规模农业生产经营人员从事种植业比例较高，从事畜牧业次之，而林业、渔业及服务业占比过少。这对我国农业产值提升不利，造成农林牧渔业结构不合理。

表6-2 规模农业经营户农业生产经营人员结构

	全国	东部地区	西部地区	中部地区	东北地区
农业生产经营人员性别构成					
男性	52.8	54.0	53.7	50.0	54.7
女性	47.2	46.0	46.3	50.0	45.3
农业生产经营人员年龄构成					
35岁及以下	21.1	16.8	17.1	27.0	22.6
36~54岁	58.3	57.8	58.7	57.9	59.2
55岁及以上	20.7	25.4	24.3	15.1	18.2
农业生产经营人员受教育程度构成					
未上过学	3.6	3.4	3.7	5.2	1.0
小学	30.6	28.8	26.9	35.7	28.6
初中	55.4	56.5	56.8	48.6	64.3
高中或中专	8.9	9.9	11.2	8.4	5.2
大专及以上	1.5	1.3	1.4	2.1	0.9
农业生产经营人员主要从事农业行业构成					
种植业	67.7	60.0	60.9	73.3	79.8
林业	2.7	2.9	3.0	3.1	1.1
畜牧业	21.3	19.3	28.6	21.6	14.6
渔业	6.4	15.5	4.6	1.0	2.8
农林牧渔服务业	1.9	2.3	2.9	1.1	1.6

(三) 农业经营单位农业生产经营人员的受教育程度较低

农村土地流转后,将实现农业规模经营,农业经营单位参与农业生产经营。基于第三次农业普查数据,根据表6-3可以得出,我国规模农业经营户农业生产经营人员受教育程度构成为:未上过学农业生产经营人员占比3.5%,小学文化农业生产经营人员占比21.8%,初中文化农业生产经营人员占比47.0%,高中或中专农业生产经营人员占比19.6%,大专及以上农业生产经营人员占比8.0%。由此可以判断,不论从全国还是各个地区来看我国农业经营单位农业生产经营人员受教育程度集中于初中及高中,其中,初中文化占比最高。与我国农业生产经营人员受教育程度和规模农业经营户农业生产经营人员受教育程度相比,农业经营单位农业生产经营人员受教育程度略高。但是仍未改变受教育程度较低的局面,因此,将阻碍土地流转后农业的发展。

另外,据表6-3亦可得出结论,我国农业生产经营人员从事种植业比例较高,从事林业、畜牧业次之,而渔业及服务业占比较少。但是,与土地流转前以及农业经营单位参与农业生产经营前比较,农林牧渔业结构有所改善,对于我国农业产值的提升有益。

表6-3 农业经营单位农业生产经营人员结构

	全国	东部地区	西部地区	中部地区	东北地区
农业生产经营人员性别构成					
男性	59.4	59.1	60.1	56.7	66.1
女性	40.6	40.9	39.9	43.3	33.9
农业生产经营人员年龄构成					
35岁及以下	19.7	17.0	17.1	23.1	22.9
36~54岁	61.2	59.7	61.2	61.7	63.6
55岁及以上	19.1	23.3	21.7	15.3	13.5
农业生产经营人员受教育程度构成					
未上过学	3.5	3.4	3.5	4.6	1.2
小学	21.8	23.4	20.6	25.6	9.8
初中	47.0	48.6	49.7	44.3	44.5
高中或中专	19.6	17.9	20.1	16.7	31.3
大专及以上	8.0	6.7	6.1	8.9	13.2
农业生产经营人员主要从事农业行业构成					
种植业	50.3	49.6	49.1	50.7	53.3
林业	16.4	14.9	14.9	16.7	22.6
畜牧业	16.6	14.7	18.7	18.6	11.8
渔业	6.2	10.5	5.8	3.4	2.9
农林牧渔服务业	10.6	10.4	11.5	10.6	9.5

第三节 我国农村土地流转的障碍

一、我国农村土地流转效率不高，流转规范性有待提高

目前，我国农村土地流转整体水平不高，土地流转区域差异比较明显，个别经济发达的省份流转规模较大，其余大部分省份土地流转效率不高，流转不规范。我国绝大部分农村地区的土地流转基本发生在农户之间，即土地流出主体和流入主体都属于个人农户家庭，并且流转的范围主要在一个村集体内部，多数情况都是熟人间进行流转，农户与新型规模经营主体之间的土地流转非常少。还有这样一种情况值得关注，在很多农村地区，农户的土地会流入一部分因缺乏职业竞争能力而无法进城打工的农民手中，这个群体的农民限于人力、物力、资金、技术等，对于流入的土地无法开展适度规模经营，因此，流入的土地产出效率得不到提高，无法激发土地效能，这种情况的土地流转无法有效推动本地农村经济的发展。

我国一些经济落后的中西部农村地区，绝大部分农村土地承包经营权的流转都发生在行政村集体内部，由于是熟人流转且缺乏法律意识和经济思维，很多土地流转协议属于熟人之间的口头约定，基本不会签订任何规范的土地流转协议，即使个别农户之间签订了流转协议，协议的诸多地方也存在问题。一些不负责任的村集体存在职责缺失的问题，即没有对本村发生的土地流转具体信息进行记录，甚至有些村集体不知道所属行政村内发生的土地流转行为。以上种种不规范甚至违规的情况会导致各种纠纷和矛盾，例如，农户之间因为土地流转经济收益的分配归属产生的纠纷，村集体与农户之间因为农业补贴问题产生的纠纷、一些土地流入方暗箱操作致使"农村土地他用"而引发的诉讼、土地流转一方中途提高口头协议中的流转价格而引发的矛盾，等等。这些现象极大影响了社会稳定，打击了一部分农户土地流转的意愿和积极性，非常不利于土地流转的进一步

发展。

近些年来，虽然我国各地各级政府以及相关部门出台了许多文件，对本地农村土地流转的具体操作方式及要求进行了明确规定，但是目前很多农村地区流转的土地面积小且地块琐碎，缺少土地流转的正式法律合同，对于土地流转的实际行为没有按照程序进行上报备案。一部分签订了土地流转合同，但是合同内容不规范、不标准，甚至存在违法条款，例如，合同条款中存在土地非农用途的内容，导致关于土地流转合同的各种纠纷和上诉案件频繁发生，使得很多农民的合法权益受到侵害。另外，一些正式的农村土地流转合同期限只有一年，期限短、不确定性高的合同，不利于土地流入方的长期收益，让他们缺乏对未来的预期，这也制约了土地流转的发展进程。

二、土地流转成本高，农村种植业投资风险大，农村金融支持力度不大

随着社会经济的发展，我国农村土地流转实践中产生的各种成本费用不断增加。尤其对于那些土地先天条件不具有优势的区域，如丘陵、山地，因为地形地貌的限制，这部分地区土地平整的难度较高，在山地、丘陵开展农业机械化生产的挑战性巨大，因此，土地整改成本高，机械化作业成本高，运行管理费用多。为了进一步推进农村土地流转进程，就要加大力度对农民进行相关的政策宣传，并且要覆盖到每一个村庄，鉴于这种广度和深度，宣传成本也是一笔不小的开支。

众所周知，种植业是一个非常容易受到外界因素影响的产业，它主要受自然环境和市场环境的影响，种植业的收益具有不确定性。首先，各种极端天气会给种植业带来极大的风险，暴雨冰雹等灾害会使得庄稼颗粒无收，而且农作物的生长成熟需要遵循客观规律，例如，东北地区粮食作物中的玉米和大米，一年收成一次，这个周期性不可打破，这类农作物的供应是固定的，但是消费者的市场需求却是非固定性的，因此，农作物与市场需求之间就会出现裂缝。种植业的成本费用分为种植农作物之前种子、农药、化肥等的采购成本，种植期间为了维护农作物正常生长的各种人工费用等。随着这些成本费用不断上涨，加上农作物种植

周期的时间成本，使得种植业的经济收益具有波动性，这些导致了农业企业的经营风险。鉴于此，土地流入后的规模种植业的招商引资问题变得十分复杂，因为许多投资商都非常谨慎。

目前，我国部分地区农村金融市场化程度低，农村信用担保不规范，例如，很多农村地区的金融机构数量少，所提供的金融产品和服务种类单一，不能够满足市场需求，并且一些地方的农村土地风险补偿制度等同于没有，进一步加剧了农村企业和农业投资主体的投资和经营风险。如果项目投资出现问题导致入不敷出，那么，相关农户就会陷入困境甚至是绝境，失去最基本的生活保障，激化社会矛盾，造成社会不稳定。另外，在土地流转之后，新型经营主体需要成片经营土地，为了促进规模的扩大，需要对相关的基础设施进行建设，如水渠、道路等，这对于资金需求量非常庞大。但目前我国农村地区各种金融机构对"三农"问题的相关项目要求多、门槛高，各种程序和手续烦琐复杂，金融产品不能够满足经营主体的需求。而且以土地承包经营权进行抵押的金融业务处于摸索期，农村金融市场发展非常缓慢，对土地流转的支持十分有限。综上所述，目前我国农村土地流转各种成本费用高昂，金融支持力度不大，这在一定程度上限制了农村的产业化、现代化经营，也制约了农村土地的大规模流转。

三、我国农村土地流转市场运行机制不健全

目前，我国农村土地流转市场的运行机制不健全，市场在土地流转中没有发挥出应有的作用，这制约了我国农村土地流转的规模和效率。第一，我国大部分农村地区土地流转专业化服务平台发展起步较晚，并且发展速度较慢。在一些经济落后地区，因为缺少资金的支持，土地流转服务平台缺乏先进而完备的技术设备，服务于土地流转的信息不能及时发布，甚至出现信息孤岛现象，导致土地流转供求双方的信息不对称，即使农民具有强烈的土地流出意愿，也会因为缺少必要的信息无法接洽到合适的交易对象。这种现象会打击农民土地流转的积极性与意愿，使农民的既得利益受到损害，严重影响了农村土地流转的进程与效率。另外，由于土地流转服务平台的缺位，致使在土地流转过程中，农民会成为弱势一方甚至受到欺骗。因为信息不完全、不精准，农民无法对一些陌生的经济组织和

专业合作社的资质与经营能力进行准确的判断，一些主体会隐瞒信息甚至欺诈，在流入的土地上进行非农建设，甚至出现一些土地污染的情况。这些违规甚至违法的行为会造成极其严重的后果。

第二，众所周知，土地是一种重要的农业生产要素，它能够给使用者提供经济收益，所以土地具有价格。但是目前对我国农村地区土地进行定价具有一定难度，这制约了农村土地的流转。而土地的价格受到先天地质条件、地理位置和各地政策等因素影响，价格构成比较复杂。目前，我国没有一套统一的估价方案，使得不同地区农村土地流转价格不统一、随意性大。现阶段我国农村地区农民的受教育程度不高，对土地流转的信息掌握得不全面，缺少必要的市场交易方面的知识，对土地流转的定价非常随意，基本按照主观意愿定价，再加上我国目前土地进行定价方面的法律法规不够完善，就会出现土地流转价格不科学、不合理的情况，这严重侵害了农民的合法权益。例如，部分地区的投机分子为了经济利益，故意低价流出土地，使得其他普通农户土地流转的收益降低，挫伤了农民土地流转的积极性。而且由于分散的经营模式，农民在土地流转市场上没有话语权，在土地定价上处于弱势，有时会出现恶意压低土地价格的情况。这些在一定程度上限制了土地流转的规模。

第三，当前我国农村土地流转的专业化中介服务组织处于起步阶段，市场化、规范化、标准化程度不够，服务意识不到位，并且因为政府的支持，很多中介组织具有一定的行政色彩。目前，很多中介组织由于成立时间不长，运行机制不规范，不能按照现代化科学的管理方式开展工作，并且一些信息透明度不高，在土地流转过程中缺乏服务于农民的意识。因此，导致农民对其不信任，无法推动土地流转进一步发展。而且，一些中介服务组织的工作人员由村干部兼任，没有从业资质，缺少经济管理、法律以及农业等必要的专业知识，致使这些组织的工作人员的资质、能力无法满足市场的需求。例如，有的工作人员无法提供专业化的土地估价、经营风险分析、合同法律咨询等业务。因此，这些中介服务组织在土地流转过程中无法发挥推动作用，导致很多农村地区的土地流转工作缺乏规范性和制度化，最后侵害了农民的权益。[①]

---

① 齐景琦. 当前我国农村土地流转问题研究［D］. 大连：东北财经大学，2017.

四、不完善的养老制度阻碍了农村土地流转

我国开始步入老龄化社会,无论是目前的老龄人口数量,还是未来的发展趋势,都使得养老问题成为我国社会发展的一个急需解决的问题,农村地区的养老问题也是如此。在我国农村地区,由于传统观念的影响和血缘关系的紧密性,以土地为前提的家庭养老是农民养老的第一选择。目前,我国农村家庭养老方式出现了一系列需要解决的问题,这极大阻碍了农村土地流转。

首先,青壮年农村劳动力进入城市,老年人口留守农村这种现象目前十分普遍。然而,我国农村地区社保体系不健全,各种相应的资源跟不上,农村养老和医疗成为突出的问题,一些贫困地区更是如此。再加上农村地区的优质劳动力大多进入城市打工,并且一家一户只有 1~2 个子女,使得我国农村地区的家庭养老模式正受到越来越大的挑战,如果土地流转出去就会导致农村养老的基础发生改变,很多年龄大的农民认为土地流出意味着他们丧失了最基本的生活和养老保障,对土地流转的意愿极低甚至不会流转。

其次,传统上农民收入的主要来源就是基于土地的务农收入,无论多少,但可以保证基本温饱。在此基础上,很多农民选择进城打工,如果城里工作不稳定,可以退回农村,因此,对于很多农民来说,土地是他们的最后保障,一部分农民不愿意流转土地。土地性质和先天条件会导致收益不稳定,并且目前我国土地流转的收益分配方式不成熟,无法保证收益的连续性。土地估价标准不完善,出现很多流出土地定价过低的情况。这些都影响了农民的稳定收入,导致很多农村家庭拒绝选择土地流转,继续进行分散的家庭农业种植。

最后,目前我国基于城乡二元结构的社会制度下,农村和城市的社保制度差距比较大。以养老制度为例,目前我国农村地区的养老制度在资金筹措环节中,困难重重,政府的财政投入不够充足,财政支出中对于农村养老工作的支持比例非常低,这严重影响了农村养老制度的覆盖范围和顺利实施。农村地区的农民对于养老保险的认识不够深入,很多人参保积极性低迷,观念上还是依赖家庭养老,而且很多农民因为受教育程度低、信息缺乏,不认可养老保险上交保费的规定。另外,我国农村地区养老制度的建立健全与经济、政策、社会观念等因素密

不可分，养老保险资金的运作也是一大关键。我国农村地区关于养老问题的解决办法主要是通过一些意见和方案为主，并没有健全的法律法规，无法保障农村地区老年人的基本权益。总而言之，只有通过完善的农村社保制度和养老制度，才能让流出土地的农民无后顾之忧，进而推动土地流转。

第七章
农村土地流转的原则和政策建议

第一节 我国农村土地流转应坚持的原则

农村土地的有序流转是我国当前农业与农村工作的重要任务，是实现我国乡村振兴战略的重要组成部分，关系着我国广大农民群众的根本利益，影响着我国社会经济的发展。因此，我国农村土地流转必须遵循以下六项基本原则。

一、以农业供给侧结构性改革为导向

2015年12月召开的中央农村工作会议要求，"着力加强农业供给侧结构性改革，提高农业供给体系质量和效率，真正形成结构合理、保障有力的农产品有效供给"[①]。2016年中央一号文件进一步提出，"推进农业供给侧结构性改革，加快转变农业发展方式，保持农业稳定发展和农民持续增收"。

2017年2月5日，中央一号文件《中共中央 国务院关于深入推进农业供给侧结构性改革加快培育农业农村发展新动能的若干意见》发布，指出深入推进

---

① 张占仓. 中国农业供给侧结构性改革的若干战略思考 [J]. 中国农村经济，2017 (10)：26－37.

农业供给侧结构性改革，包括细化和落实承包土地"三权分置"办法等土地流转内容，强调大力培育新型农业经营主体和服务主体，通过经营权流转、股份合作、代耕代种、土地托管等多种方式，加快发展土地流转型、服务带动型等多种形式规模经营。农业供给侧结构性改革的目标是提升农民的经济收入，并且保障农产品的有效供给，重点为优化农产品供给质量。首先，农业供给侧结构性改革的一项重要任务就是加快农村土地有序流转。调结构、提品质、促融合、去库存、降成本、补短板这18个字是我国农业供给侧结构性改革的目标，通过这六大目标，我们要实现农民富裕、乡村振兴、农业现代化。农村土地的合理规划利用正是农业供给侧结构性改革的基本。为了增加我国农产品的市场竞争力，提升农业生产效率，我们要发展现代化农业，实现农村土地规模化经营，而加快我国农村土地流转正是规模化经营和农业现代化的基础。其次，农村土地有序流转是农业供给侧结构性改革的推动力。为了适应当前的消费升级，我国要发展绿色高附加值农业，提高农产品的中高端供给，减少低端供给，使农业供给结构合理化。这需要我国建设现代化农业，采取特色化、集约化、精细种养等方式，提升我国农产品的市场竞争力。通过土地流转，才能实现规模化耕作。最后，我国农村土地流转要以农业供给侧结构性改革为依据。农业供给侧结构性改革具有极强的现实意义，农村土地流转要严格按照农业供给侧结构性改革的规范进行。农村土地流转要以"三权分置"为前提，坚持家庭经营为基础，引入新型经营主体，发展多元化的适度规模经营，巩固和完善农村基本经营制度。

二、尊重农村土地流转规律

首先，我国农村目前实施家庭联产承包责任制，农村耕种主要以家庭为单位，虽然这种耕种方式下的农业生产效率低下，但是受农民对土地的依赖性和耕种习惯的影响，部分地区农民土地流转意愿不高，不过随着国家对农业的各种政策倾斜和补贴的增加，农民耕种土地的积极性稳步提升。所有这些现象都反映了我国土地流转速度不能脱离实际发展，而要以农民的意愿为主。其次，我国农村土地流转需要按照经济规律办事。农村土地流转属于经济范畴，流转的方式和规模要与本地农业经济发展水平相适应，要因地制宜，按经济规律办事。我国地域广阔,东西部地区农村经济发展水平差异很大,因此,不同地区要结合实际情况,选择最适合本地的土地流转方式。最后,我国农村土地流转工作要循序渐进,超越生产力的土地流转会带来不稳定因素,阻碍农村经济健康发展。需要发挥政府在土地流转中的引导作用,尤其对于不发达地区的土地流转工作,更不能操之过急。总而言之,我国农村土地流转工作既要适应生产力要求,按照客观规律办事,还要给予农民较大的选择空间,也要发挥政府的引导作用。

三、坚持农村土地集体所有制

在农村土地改革的问题上,我们要坚守"四个不能"底线。习近平同志强调"四个不能"的原则——不管怎么改,都不能把农村土地集体所有制改垮了、不能把耕地改少了、不能把粮食生产能力改弱了、不能把农民利益损害了[1]。这"四个不能"的第一条就是不能把农村土地集体所有制改垮了,因此,在土地流转中,我们要坚持农村土地集体所有制原则。首先,农村土地集体所有制是我国农村社会经济健康发展的基础和前提。农村土地集体所有制是我国第一代领导集体根据我国实际情况为保证农民根本利益创立的,是第二代、第三代领导集体根据改革开放的经验教训,不断坚持、发扬、巩固、完善的农村土地基本制度。当前,以习近平总书记为代表的中央领导集体更是高度关注我国农村农业改革发展问题,多次强调农村土地改革不能把农村土地集体所有制改垮了,这是农村土地流转的底线。其次,农村土地集体所有制受到我国根本大法——宪法保护。我国宪法明确规定:"中华人民共和国的社会主义经济制度的基础是生产资料社会主义公有制,即全民所有制和劳动群众集体所有制。"因此,农村土地流转工作要于法有据。最后,我国农村土地流转需要继续坚守农村基本经营制度——家庭联产承包责任制。2001年12月发布的18号文件《中共中央关于做好农户承包地使用权流转工作的通知》中明确,在以家庭承包经营、统分结合的双层经营制度的前提下,坚持依法、自愿、有偿的原则,允许农户承包地使用权合理流转。不管

---

[1] 钟欣. 习近平:农村土地集体所有制不能改垮了[N/OL]. 京华时报, 2016-04-29. http://news.sohu.com/20160429/n446719913.shtml.

农业经营体制怎么创新,家庭经营现在是、将来也是我国农业最基本的经营形式。

四、维护农民权益

2014年11月,中共中央办公厅、国务院办公厅印发了《关于引导农村土地经营权有序流转发展农业适度规模经营的意见》,意见中指出我国农村土地流转必须"坚持依法、自愿、有偿,以农民为主体,政府扶持引导,市场配置资源,土地经营权流转不得违背承包农户意愿、不得损害农民权益、不得改变土地用途、不得破坏农业综合生产能力和农业生态环境"。

目前,我国部分农村地区土地流转实践中存在侵害农民权益的现象。首先,土地流转的主体是农民,政府在土地流转中起引导、服务与管理作用,要通过政府相关部门的工作,让农民明白土地流转的意义和作用。政府没有权力更改土地用途,也不允许以发展经济的旗号破坏环境。但是在实践中,许多政策和规定无法落实,政府职能缺失,导致了各种矛盾和冲突,最终侵害了农民的合法权益。例如,在土地流转协议问题上,因为农民缺少法律知识,政府相关部门工作不到位,引发了许多纠纷,一部分农民利益受损。其次,一些地区为了推进农村土地的市场化交易,成立了一些中介组织,主要为农民提供土地流转相关信息和土地交易价格信息,通过售卖信息获利。但是,很多中介的行政色彩浓厚,提供的土地信息只局限于一定的行政区域范围之内,提供的服务对于农民来说价值不高,并且出于地方保护主义,它们排斥外来企业,影响了土地流转的效率。最后,一些地区基层政府在土地流转过程中,忽视农民的主体地位,利用信息优势,采用各种方法,违规降低土地价格,使得土地的交易价格远远低于实际价格,损害了农民的收益权。以上这些侵害农民权益的现象,使得我国农村土地流转的进程缓慢,不利于土地的规模化发展。[①]

因此,我国农村土地流转一定要维护农民的权益,可以从以下三个方面入手:首先,在进行土地流转过程中,一切工作都要取决于农民的意愿,这是大前

---

① 杜冰冰. 我国农村土地流转原则及政策建议分析[J]. 经济师,2019(1):18-19,21.

提。具体而言，土地是否流出或流入、具体流转价格、流转方式、流转土地的期限，这些事项都必须由农民自行决定。政府起到的作用是引导、宣传和提供必要的帮助，不可以替代农民进行决策。其次，县、乡、村三级仲裁委员会要针对土地流转中出现的纠纷进行调解仲裁，保证农民合法权益。农村土地流转涉及农民的生计问题，因此，利益关系相对复杂，土地流转产生的纠纷处理不当会引发社会矛盾，这关系到我国农村社会的稳定发展。最后，政府还需要出台相应的政策规定，在土地流转之前和土地流转之后都要维护农民的权益，保障农民的利益不受伤害。基层村组织可以根据实际情况，成立土地流转工作指导小组，专门负责本村村民的土地流转相关工作，满足本村村民土地流转的一切需求，维护村民的基本权益。

五、严守保护耕地原则

2015 年，习近平同志指出，耕地是我国最为宝贵的资源。我国人多地少的基本国情，决定了我们必须把关系十几亿人吃饭大事的耕地保护好，绝不能有闪失。要实行最严格的耕地保护制度，依法依规做好耕地占补平衡，规范有序推进农村土地流转，像保护大熊猫一样保护耕地。①

第一，我国农村土地流转要以"十分珍惜、合理利用土地和切实保护耕地"的基本国策为前提。我国农村土地流转主要为了优化农村地区的土地资源，进而提高农业生产效率，达到农民增收、农村经济振兴的目的。如果在土地流转过程中，土地基本用途发生改变，出现"土地非农化""耕地非粮化"现象，就会影响到我国农业的健康发展，甚至我国 14 亿多人口的吃饭问题都将受到影响。第二，对于农村土地流转用途，需要进行严格监督管理。工商资本进入农业生产领域有利有弊，工商资本可以带来资金，大大提高农业生产经营效率。但是不容忽视的一个问题是，它也容易挤占农民的空间，甚至改变土地用途。因此，需要在基层政府的引导下注入工商资本。在这个过程中，需要村集体的行政力量保证农

---

① 胡健. 土地流转不搞"大跨进"像保护熊猫保护土地 [EB/OL]. (2015-05-27). http://www.fzzx.cn/s/ArtList/2015/5/163093.shtml.

村土地农用。从各地土地流转的实践中，我们可以看出，工商资本注入的方式各有不同，但是必须与农户或村委会签订合同。例如，有的工商企业直接与农户签订合同，有的企业直接与村级两委会签订合同，还有村级两委会成立公司再分别和企业、农户签订合同。从中我们可以看出，无论采用哪种方式，工商资本和农村土地的结合都需要行政力量的引导。因此，为了保护耕地并维持农村土地农用，基层政府在土地流转中发挥了十分重要的作用。

严守保护耕地这一点可借鉴山西省晋中市太谷县（现山西省晋中市太谷区）的做法。太谷县通过土地产权交易中心的标准化流程，在保证农民自愿流转的基础上，规范了本地的农村土地流转行为，并且通过成立独立的农村产权交易监督委员会的方式进行耕地保护。太谷县的土地产权交易中心由政府主办，土地交易平台分为县、乡、村三级。中心已经形成了标准化的服务流程，具体分为以下几个工作流程：第一，针对土地流出主体和土地流入主体的登记服务，并且提供相应的咨询服务。具体的土地流出和流入完全以农民的意愿为主。第二，对土地流转各主体进行资质审查，具体包括详细身份核查、明确土地权属、土地流转审批。通过土地权属确认，保障农民的基本权益。第三，对土地流转各种方式进行确认，农民通过对各种土地流转方式的比较，再结合自身的需求，选择适合自己的流转方式，体现了以农民为主的原则。第四，信息发布。通过中心的信息平台发布及时的、全面的土地流转信息，透明、民主是前提。第五，组织交易。这是关键环节，根据不同的土地情况、土地供需双方的选择和其他要求，土地交易方式可以分为协议流转、公开拍卖、招标流转等。此外，根据不同的交易方式还需要一些专业的服务，如土地估价服务、竞价报名等。其余的几个流程分别为审核办理、鉴别证书和发放证书以及金融流程。太谷县的土地产权交易以政策和法律法规为基础，保障农村土地农用，使得土地流转与保护耕地互相促进。①

六、坚持以增加农民经济收入为目标

一直以来，我国各级政府都十分重视农民收入增长问题，从中央到地方的各

---

① 郭栋. 现阶段我国农村土地流转模式研究［D］. 太原：山西大学，2017.

种政策规定中都有相关内容，农民的经济收入增长问题其实就是效率问题。我国农村土地流转工作中，也要把增加农民收入放在重要位置，通过各种政策和措施，增加农民的经济收入。众所周知，我国是一个农业社会，农民的经济收入问题关系整个社会的和谐发展与安定。近些年来，随着我国耕地总面积的下降，在农村地区开展土地适度规模经营，已经成为解决粮食问题的关键。要想开展土地适度规模经营，农村土地的有序流转势在必行。

对于那些流出土地的农民来说，土地的流出可以给他们带来如下改变：流出土地获得一定数额的经济收入；土地流出使得他们不必束缚在土地上，可以通过进入相关产业获得多元化的经济收入。与此相对，对于流入土地的农民来说，随着可种植的土地面积的增加，他们可以运用先进的农业技术开展科学的现代化农业生产经营，增加农业经营性收入。总而言之，无论是对于流出土地的农民还是流入土地的农民，在土地流转过程中都是机遇与挑战并存。第一，对于那部分本身就想脱离农村和农业或没有能力从事农业种植的农民来说，通过流出土地，既可以获得租金，又能够进城打工改变生活方式。第二，对于那些立志从事现代农业的农民来说，通过流入土地，可以开展规模经营，增加农业经营性收入。第三，对于那些脱离土地的农民来说，可以通过学习培训的方式掌握专业、标准、先进的农业技术方法，提升自己的就业竞争力，获得相应的经济收入。

我国农村土地流转协议以短期协议为主，农民的经济收入状况直接影响土地流转的发展与效率。如果土地流出后，农民的收入总和超过了务农收入，那么，就会坚定这部分农民继续土地流转的决心，他们会参与到时间更长、面积更大的土地流转中。值得注意的是，这部分农民会起到带头作用，促进本地土地流转工作的进程与效率。相反，如果他们土地流转后，生活窘迫，收入锐减，那么，这部分农民就会返乡，土地流转到期后便停止。这会对本地的土地流转工作产生负面影响，打击农民土地流转的意愿，阻碍土地流转进程。流入土地的农民的农业生产经营也会受到影响，出于各种原因，如果流入土地没有使收入增加，那么，他们会停止流入，进而使得本地的土地规模化经营发展停滞不前。[1]

从上面的分析中可以看出，土地流转必须要以增加农民经济收入为目标，否

---

[1] 张明慧. 农地流转视域下的湖北省天门市农民收入问题研究[D]. 昆明：昆明理工大学, 2019.

则就会受阻。为了增加农民的经济收入,可以对流出土地农民与流入土地农民这两个主体进行引导和支持。对于流出土地的农民来说,土地流出之后,就业状况良好成为他们继续流转土地的前提条件。为了提高流出土地农民的职业竞争力,可以考虑从以下几点入手:通过自主学习,提升农民的文化素质与职业素养;扶持具有先天条件的农民,开展创业活动;各地各级政府为流出土地农民的再就业提供完善的制度保障。例如,设立针对失地农民的就业补贴;从住房、教育、养老等方面完善相关制度,保证农民的基本权益,让他们安心留在城市生活。对于流入土地的农民来说,可以通过以下几方面帮助他们提升土地规模经营能力:首先,重点培育土地流转主体。满足不同经营主体的需求,可以是生产管理的指导,可以是优质人力资源的引进与培育。其次,通过农业补贴,提升适度规模经营。地方优势特色产业要想进行规模化发展,本地政府要给予资金上的支持,并且通过政策倾斜,发展更多的创新性现代农业种植园区。再次,为了进一步推进农村土地流转,规范、合理、有序的交易信息平台必不可少。各地可以结合实际情况,依托互联网进行信息平台的建设和完善。通过给农民提供全面、及时的土地信息,提高土地流转效率,形成合理的土地市场交易价格,保证农民的租金收入,帮助参与土地流转的农民增加收入。最后,为了开展适度规模经营,各地各级政府要在农村金融信贷领域给予大力支持。

第二节　我国农村土地流转的政策建议

一、聚焦农民培训,提升农民竞争力

目前,我国土地流转进入迅速发展阶段,农村土地流转数量大幅度增加。伴随而来的是流出土地的农民越来越多,对于这部分农民来说,今后的生活来源是一个需要重点关注的问题。因此,农村流出土地农民的安置工作是我国农村亟待解决的问题。为了解决农民就业问题,政府有关部门需要组织农民进行职业培

训，帮助他们提升职业知识、技能、技术、技艺，提高他们在就业市场的竞争力。

第一，要从观念上让农民认识到培训的必要性和重要性。首先，引导农民积极参加培训。部分农民主观上没有学习意识，甚至会抵制培训，很多人认为培训没有意义，不愿意在学习和培训上花费时间，更不可能投入金钱。而且，受传统观念影响，大量流出土地的农民会有一种被动的依赖思想，认为政府或企业会上门安置和招工，主动找工作的意识不强，缺乏竞争意识。与此同时，由于文化、技能等方面的限制，很多农民不具备就业竞争力，就业问题突出。其次，加大宣传教育。从理论上讲，各地各级政府都要重点关注农民职业技能培训工作，但是目前针对农民的培训的宣传普及力度不够，效果不好。因此，宣传工作需要进行创新和突破，不能只局限于张贴通知，有条件的地方可以通过基层工作人员深入到农民家庭的方式，进行宣传教育，把培训工作的利害关系讲清楚，把相关信息传达到位。最后，提供制度上的保障，给予必要的硬件和软件支持。按照现代管理职能观点，对培训流程进行规范，制定、执行、监督和反馈所有流程。各地要结合实际，制定符合本地实际情况的具体规定。例如，农民培训工作的执行机构问题，本地培训资金来源问题，农民培训的考评机制问题等，都需要进行明确而具体的规定。

第二，为了提高农民的基本文化素养和专业技能，培训方式非常关键，可以通过理论知识讲解、农业生产实践学习、借助传播媒介培训学习三种方式进行培训。这三种不同的方式优缺点不同，适合于不同的农民培训需求，具体分析如下：第一种方式是农业理论知识讲解，指在一定时间、一定地点把农民集中起来进行相关农业理论的讲授，可以聘请相关领域的专家学者、科研人员、农技人员、致富技术能手等，进行面对面的讲授。例如，可以针对某一个主题开展学习，或者利用集中的时间进行某种技能的培训。这种培训方式比较容易进行，方便管理且效率较高。在进行实际培训时，可以以村为单位，由村委会出面，根据实际情况组建本村的村民学校，主要目标是提高农民的职业技能。从实践上看，通过村民学校农民可以获得稳定的学习资源，这种方式在提高农民文化素养、增强农民职业竞争力方面的效果非常明显。目前，我国很多地区通过设立村民学校的方式进行理论学习，使得农民的理论学习常态化，为建设社会主义新农村提供重要的智力保证。各地在建立村民学校时，要注意把握以下几点：首先，树立终身学习的意识和理念，村领导要起到带头作用，通过各种途径宣传村民学校的重要性，帮助农民克服传统观念的束缚；其次，各地基层政府要加强对村民学校的物资投入，提供良好的办学条件，为了规范村民学校的运营，统一标准的规章制度必不可少，而且要保障规章制度落实；再次，村民学校的培训效果取决于师资队伍，各地要加强师资队伍建设和专业课程设置；最后，各地基层政府还需要加强相关部门间的协调，为村民学校提供必要的政策和资源保障，进一步确保村民学校的发展壮大，让其成为本地农业专业人才的储备库。第二种方式是农业生产实践学习。这种方式在农民培训中使用得较多，并且受到农民的一致好评和欢迎。农业生产实践指导是指农业技术人员或专家走进田间地头，对农民的实际农业生产活动进行指导，解决疑难杂症。对于农民来说，掌握理论知识并不是目的，理论知识的应用是关键，或者说通过学习农业理论知识，能够解决他们在农业生产实践中遇到的各种问题，这是学习的目的。农民通过农业生产实践指导可以把理论和实践相结合，因而，农业生产实践指导是提升农民专业技能的有效途径。目前，我国采用的是"示范基地式"的指导模式。具体做法就是先在试验田中进行实验，然后选择特定的区域作为试点，取得一定成果之后再普及推广。通过这种方式取信于民、实地培训农民、指导农民，不仅能够提高培训效率，而且能够得到农民的信任，具有较好的效果。当然，各地在实践中可以因地制宜、大胆创新，推出一些具有创新性、先进性的学习方式，提高农民的学习效率，例如，通过与人工智能相结合的方式，开展实践指导工作。第三种方式是借助传播媒介培训学习。这种培训方式主要借助一定的信息传播媒介开展，传播速度快，成本较低，可选择的媒介多。在互联网背景下，大众传播教育培训尤其是互联网+农业培训是一条增强培训效果的快速途径。这种培训方式可以以村为单位，利用各种先进的操作性强的信息媒介开展培训课程学习。例如，随着智能手机的普及应用，农民可以通过扫码学习的方式随时随地学习，效率高，突破时空限制，还可以利用直播授课的方式开展培训，农民可以在直播间与老师见面，双方实时互动沟通，培训氛围融洽；基层政府可以组建农村文化站，通过各种图书制品、音像制品和现场表演等，向农民传播相关的农业信息和致富信息；各地可以建立农业信息平台，为农民提供及时、全面的就业信息与咨询服务。

第三，农民培训工作的重点是培训资金的筹措。首先，本地各级政府需要主导培训工作，并且负责相应的培训资金规划与筹措。各级政府可以结合本地实际，确定农民培训的资金筹集途径，形成政府、企业、个人三方聚集的资金来源渠道。政府除了要给予资金支持，还要制定资金的使用计划。其次，各地的龙头企业要提供相应的资金支持。各地的龙头企业应是仅次于政府的资金支持群体。为了激励龙头企业进行资金投入，各级政府和相关职能部门要制定税收、金融等各方面的优惠政策，鼓励、引导本地有条件、有需求的龙头企业加入农民培训的投资主体行列。另外，可以鼓励各地的金融机构提供各种优质的金融产品与服务，加入农民培训事业中。

二、加强资金保障，优化我国土地流转质量

为了优化我国农村土地流转的质量，各地各级政府要重点关注各种新型土地流转主体，提供各种必需资源促使它们发展壮大，尤其是资金资源，帮助这些主体提高抵抗经营风险的能力，提升它们的市场竞争力。引导它们在我国新时期的土地流转进程中发挥重要的作用，加快土地的集中化经营，进一步激发土地效能。

（一）政府应加大资金投入

一直以来党中央高度关注我国农村的土地政策，因为它关系到农村的社会稳定和经济发展，关系到农民的切身利益。为了实现农民增加收入、共同富裕的目标，各地党委、政府应引导土地流转朝着有序方向前进。政府在引导土地流转过程中的重要作用之一就是提供资金支持。为了加快我国农村土地流转历程，要提高我国农村土地流转市场的规模与质量，因此，各级政府需要根据本地实际情况，对达到一定规模的土地流转项目给予资金补贴。但是，我们也要注意到，土地流转工作要循序渐进，不能脱离生产力发展水平，因此，要对过度鼓励扩大经营规模的现象进行纠正。总而言之，各级政府要充分考虑不同地区农村土地使用权的市场差异，合理运用补贴与限价手段。

首先，各级政府可以通过财政补贴来引导本地的土地流转。我们可以参照国

外对农场主等的资金扶持方式和方法，结合各地区实际情况，进行具体的财政补贴。根据补贴对象不同，我们可以把补贴政策分为直接财政补贴政策和间接财税扶持政策。直接财政补贴政策主要通过以下几方面进行：对达到一定补贴标准的流转规模与流转年限项目，对土地流转主体（转入方和转出方）直接提供补贴，补贴的金额按照单位面积计算，依据本地经济发展水平，从几十元到上百元不等。另外，补贴方式分为一次性补贴和分期补贴，为了督促土地流转工作，最好采用分期补贴的方式。直接补贴政策最重要的就是落实执行，各级政府一定要通过各种措施保证让相关主体得到实惠。间接财税扶持政策则包括以下几种方式：一是基础设施配套政策。鼓励业主在其承包经营的农业规模经营园区内投资兴建道路、水利、电力等基础设施，并给予一定的资金补助。二是金融投资支持政策。对达到一定规模的土地流转项目给予融资支持。三是税收补贴政策。对达到一定条件的土地流转项目给予税收补贴。财政补贴一定要以公平、公正、公开为原则，对符合条件的主体进行补贴，补贴的金额和方式要公开并且接受群众监督，以达到促进土地流转的目的。另外，为了提高补贴的实际效果，各级政府要根据实际，建立监督评估反馈体系，对财政补贴效果进行评估，根据上一年度补贴的具体效果来调整下一年度的具体补贴政策。

其次，对于那些转入土地规模达到一定数量的经营者，可以加大补贴力度。例如，在粮食直补和农资综合补贴等现有政策基础之上，对本地规模经营者进行二次财政补贴，以激励其进行土地流转（土地流入），从而提高这类主体的生产积极性，引导他们进行农业现代化建设。

最后，各级政府应结合实际，大胆创新，为土地流转工作创造有利的物质环境。政府要重视对农村土地承包经营和流转管理纠纷问题的调解仲裁，要把这项工作的经费支出列入各级政府财政预算中。随着我国农村土地流转工作的不断推进，由此引发的纠纷层出不穷，为了给土地流转工作创造一个宽松的环境，需要政府相关部门引导。除此之外，各级政府可以主动进行财政投资，引导工商资本通过各种方式进行农业基础设施建设，为农村土地流转奠定物质基础。

（二）积极引进工商企业进行农业生产经营

为了进一步提升农村土地流转质量，提高农产品市场竞争力，各级政府需要积极引进各种工商资本参与农业生产经营。工商资本的进入，可以提高农业生产经营规模，促进相关企业的发展。一方面，农户处于农业企业生产加工的上游环节，两者分工协作可以保证农业企业原料的数量、质量、价格与及时性，使其保持生产上的稳定性；另一方面，农业企业可以结合目前的市场需求为农户提供相关服务，使农业种植结构趋于合理化，提升农产品的市场竞争力。因此，各级政府要从本地农村实际出发，引导土地流转朝着规模化经营方向发展。各级政府为吸引农业企业投资，可以采取以下举措：一是各地各级政府可以通过相关政策，引导扶持工商企业参与到农业生产经营中，发挥它们的专业优势。例如，在税收上给予优惠政策，引导企业对农户进行指导；为相关企业提供必要的专业技术保障，并且完善公共基础设施，为企业提供良好的公共服务；各地政府还可以结合实际制定创新性举措，直接补贴企业，促使企业让利于农民。二是引导工商资本进入农业生产经营的最长久的办法就是找到适合本地企业与农户的利益联结机制。企业作为农户的下游厂商，需要农户提供稳定优质的原料。农户作为企业的上游供应商，需要企业对农产品进行推广，两者密切相连。各级政府要在企业与农户都自愿的前提下，主动帮助他们创建公平合理的利益连接链，这样工商企业才能实实在在地进入农业经营中。通过这种方式，企业和农户之间可以形成长期的合作伙伴关系，农户与企业不再是一锤子买卖，两者逐渐变为利益共同体，在农产品加工和销售环节所产生的收益，双方可以按一定比例分配，这样能够提高农民的经济收益。

（三）引导金融机构对农业生产经营加大投入

第一，引导多元化的商业金融机构加入本地土地流转中。其中，国有、股份制银行是主要构成部分，他们可以针对不同规模经营主体的金融需求，提供各种金融服务和产品。另外，结合实际适时引入小型金融机构，如小额贷款机构和小型金融担保机构，进一步完善农村金融体系。第二，突出本地政策性金融机构的作用，以政府的惠农政策为依据，扩大农业发展银行等政策性金融机构的服务范围，引导更多资金投入种粮大户、家庭农场、农村合作社等规模经营主体的相关业务，促进本地农村企业的发展，完善农村基础设施建设。第三，大力发展各种农业保险，引导本地各大财产保险机构，针对各种规模经营主体的主要业务，提供金融产品和服务。

三、建立健全农村社保体系，加速农村土地流转

目前，我国农村土地流转的进程受到了不完善的社会保障制度的制约，许多农民对当前的社会保障制度缺乏信心，而不选择流转土地。首先，基于我国的传统观念，部分农民尤其是年纪较大的农民即使进城打工，也不愿意流出土地，他们认为土地是命根子，是现实生活和今后养老的保障。其次，一部分在城市打工的农民即使身在城市，但是依然是农民身份，城镇的社会保障体系与他们无关。很多农民会把土地低价流转给亲朋好友或免费寻找熟人代耕，这严重阻碍了土地的适度规模化经营。最后，农民作为土地的流入主体的现象目前在全国非常普遍。农民流入土地之后，承担的各种不确定性随之增加，经营风险也相对提高。为了降低风险，流入土地的农民对社会保障的需求也凸显出来。我国城乡的社会保障制度发展不均衡，农村社会保障范围、种类与经费投入都落后于城市，这严重限制了农村土地流转的规模和速度。

我国农村土地流转有序进行的前提条件是要完善农村社会保障体系，这样农民才会放心将土地流转出去，才能解决农民土地流转的后顾之忧。以完备的社会保障代替以地养老的生存模式，全面推进农村土地流转。首先，需要因地制宜，完善农村最低生活保障制度，让低保覆盖有需要的群体，孤寡老人、残障家庭、重病家庭等应是主要的保障群体。低保制度的宗旨是保障农民最基本的生活水平，它是农村社会稳定的基石。我们应该看到，我国不同区域农村经济发展水平参差不齐，因此，最低生活保障制度要因地制宜，依据不同地区的经济状况、物价水平、农民收入等因素综合确定相应的标准。所有资金要统筹管理，所有环节要依法进行。还要注意随着地方经济水平不断提高，最低生活保障制度的标准也要随之调整，避免物价上涨导致低保户生活水平降低。其次，建立农村养老保险制度。随着我国老龄化社会的到来，农村养老问题日益突出。因此，通过养老保险制度把符合年龄条件的农民纳入保险体系，让达到法定退休年龄的农民可以按月领取养老金，保障他们老年生活的平稳和安康。农村养老保险可以采取个人缴纳、政府补贴与村集体补助的形式，具体比例可以依据本地经济发展水平来确

定。再次，设立专项大学助学基金，资助有困难的家庭。本地政府可以引导农村龙头企业出资设立以企业冠名的助学基金，解决贫困学子上大学难的问题。不可否认，现阶段我国部分农村地区家庭贫困导致子女难以步入大学的情况还存在，通过助学基金的帮助可以缓解这些贫困家庭的经济压力，帮助他们的子女顺利入学。这样可以提高农村人口素质，有助于农村经济发展，进而推动土地经营权的流转。最后，农村社会保障体系的资金来源问题十分关键。资金来源主要分为三部分：中央政府、地方政府和农村集体经济组织。中央政府通过财政支出给予资金支持，地方政府通过地方财政支出确保本地社会保障资金的来源，农村集体经济组织可以通过工商资本的注入筹集部分社会保障基金。[①]

四、推动适度规模经营，发展品牌化农业

为了提高农村土地的产出效率，必须进行土地适度规模经营。在此基础上，依托相关主体开展高效率的农业生产建设。我国土地流转要大力扶持种植大户、家庭农场和农业公司等规模经营主体，以达到提高土地经营规模的目的，进而在规模化的基础上重点建设品牌化农业和现代化农业。

规模经营不仅包括土地流转面积的增加，还指在流转土地中运用最新技术进行作业，采用先进管理方法进行标准化农业生产，向市场提供品牌化的农产品，进而获得经济收益，增加农民收入。在此过程中，先进的、标准的社会化服务将起到重要的推动作用。具体来讲，就是按照现代农业的时间发展顺序，在各个农业生产环节为需求主体提供全面、科学、标准、先进的服务。例如，产前的咨询服务、产中的科技服务、产后的市场信息服务等。

第一，大力建设相应的科技服务体系，为农业适度规模经营服务。对产前的品种选择、机械整地、科学培肥与增效施肥技术，产中的病虫害防治和机械化施肥技术，产后的机械化收割技术等进行全程服务，对产品深加工技术、产品包装技术、产品品牌化与标准化销售问题进行指导。为了进一步提高农产品质量，还需要设立专项技术服务基金，用于农业技术研发和推广，促进科技成果的转化，

---

① 杜冰冰. 我国农村土地流转原则及政策建议分析［J］. 经济师，2019（1）：18－19，21.

进一步激发农业生产的潜力。

第二，为了使农业生产和市场有效对接，要解决信息服务问题。因此，需要建立专门的信息化服务平台，重点满足规模经营主体对产前、产中、产后各个环节的信息需求。在"互联网+"背景下，各地可以结合实际建设信息应用终端，提高信息利用效率，为农业生产、管理、销售解决各种疑难杂症，从而提高农业生产效率。

第三，为了提高规模经营主体的工作效率和农业产出效益，要及时有效衔接农业生产各个环节，引入先进的管理技术方法与手段，提高管理效率。尤其是农产品的市场营销和品牌化建设，都要通盘运筹与规划。

第四，为了向市场提供质量优良和有竞争力的农产品，需要在各个环节确立产品标准，规范农产品的各个流程。在作业中，重点放在绿色生态防护体系的建设，最低限度地使用化学品，注重可循环资源的利用，结合国内外市场要求，为绿色、有机农产品建立质量标准，提高农产品对市场的吸引力。派遣专业人员进行市场推广，在重要的目标市场中加大力度进行农产品的渠道建设，提高农产品的市场覆盖率，进而增加收益。

第五，各级地方政府需要建立健全法律法规，为农产品生产、加工、销售各环节提供良好的法律环境，引导相关主体诚信经营，规范市场秩序，保护参与各方的基本权益，形成各级政府、农业企业、农民等多方共赢的良好局面。

五、建立土地流转平台和机构，提高我国农村土地流转效率

目前，我国绝大多数地区的土地流转以自发流转为主，各个主体之间信息不对称，甚至存在信息虚假的情况，严重损害了农民的根本利益，降低了他们流转土地的意愿。究其原因主要是我国大部分地区并没有专业化的农村土地流转信息平台，相应的配套服务也处于落后水平。为了改变这种被动的局面，我国各地农村要以本地实际情况为依据，坚持标准化、规范化原则，建设土地流转信息平台，为本地土地流转实践提供全面的、及时的信息。

第一，各级政府要按照市、区（县）、乡（镇）三级进行信息系统的建设工

作，确保组建任务能够顺利实施完成。通过信息系统，向社会定时发布土地流转相关信息，以满足有土地流出意愿和土地流入需求的主体。另外，还要及时发布各级政府关于农村土地流转工作的最新政策规定，规范各个地区的土地流转实践行为。信息系统的筹建应该在合理期限内初步完成，以期全国土地流转信息可以实现互联，大大提高土地流转效率。

第二，各级政府结合本地实际，进行土地流转服务平台建设。实践表明，服务平台以县级区域为单位效果最好。各个县级服务平台的建设工作要有组织机构的保障，因此，就需要依法设立土地流转协调工作小组，这个组织部门可以单独设立，专门负责本区域的土地流转工作，也可以结合实际整合现有的相关农业站所，负责土地流转工作。土地流转协调工作小组要积极发挥政策引导和宏观调控功能，对本区域内的所有土地流转工作进行规范协调管理，例如，依法对土地流转手续进行规范，依法依规解决本区域土地流转中的纠纷。通过土地流转服务平台的建立及完善，推动各个地区土地流转的规范化和法制化。

第三，为了促进土地流转范围扩展至全国，需要建立相应的交易平台——农村土地交易所，提高所有土地交易主体的信息搜集效率，提供精准、及时的信息，进一步推动我国农村土地流转的市场化。全国农村土地交易所是对我国农村土地流转制度的大胆革新，是我国农村土地流转市场化的加速器。通过设立农村土地交易所，可以实现全国土地交易信息的精准集合，通过规范的信息发布机制，引导各地各类型土地进行公开的信息接洽与实现土地线上交易，进而大大提高土地流转效率，还可以为供需双方提供各种信息与相关专业指导。

六、优化基层政府行为，推动我国农村土地有序流转

(一) 基层政府在我国农村土地流转中的作用分析

第一，由于农村土地流转交易市场具有缺陷，并且存在市场失灵的情况，因此，需要基层政府运用行政权力对其进行管理、监督与引导，使其有序规范运行。具体而言，在农村土地流转过程中，基层政府属于服务者、协调者与执法者。

第二，基于传统观念以及生活习惯，农民对土地的感情十分深厚，土地对他们来说具有保障作用。在土地流转中，农民处于主体地位，为了推动农村土地流转的进程与提高土地流转效率，必须确保农民的主体地位，维护他们的基本权益。但农民群体一般文化水平不高，缺乏必要的市场经济知识与法律知识，在土地流转实践中经常出现农民利益受到损害的情况。这时，基层政府就需要发挥功能，引导农民选择合适的土地流转方式、进行规范的土地流转程序，维护农民的合法权益。如果基层政府能够在土地流转前、土地流转中、土地流转后各个环节密切引导与帮助农民，就能降低农民面临的土地流转风险。

第三，对于基层政府而言，在农村土地流转工作中，他们既是相关政策规定的制定者，又是政策规定的执行者，因此，基层政府的行为结果直接影响到土地流转中广大农民群众的根本利益，进而推动或阻碍本地农村的土地流转工作。

第四，在我国各地农村土地流转工作中，基层政府存在着一些问题，具体表现为职责越位与缺位。这些问题在一定程度上阻碍了农村土地流转的效率与进程。职责越位主要指基层政府在农村土地流转实践中忽视农民土地流转的主体地位，在未征得农民同意的情况下，出于绩效考核或经济利益的原因，强制性流转土地。这种越位行为严重侵害了农民的土地自主权，没有遵循我国土地流转的自愿原则，在实践中必然会引发一系列的社会矛盾，不利于本地的社会稳定。职责缺位主要指基层政府在农村土地流转实践中没有起到监督管理作用或监督管理不到位，并且没有为土地流转中的各个参与主体提供规范标准的公共服务。具体表现为在农村土地流转的各个环节中基层政府的职责缺失，导致农村土地流转无序混乱。例如，土地流转协议不规范不标准，土地流转环节没有明确的可操作政策规定，土地流转随意化导致的土地流转纠纷，以及基层政府对流出土地的用途与经营缺乏监督管理，导致农村土地他用或粗放型经营土地，造成土地资源的浪费。还有一些基层政府在农村土地流转过程中没有提供必要的土地信息发布、土地价格评估等专业性配套服务，导致农民不能够获得必要的土地流转信息，大大降低了农村土地流转市场交易的有效性与合理性。

(二) 发挥基层政府作用，推动我国农村土地流转

基层政府需要重点关注自身行为，通过优化农村土地流转中的政府行为，进

一步推动我国农村土地有序、合理的流转。基层政府在农村土地流转实践中，发挥着服务、执行与监督职能，下面分别从这三个角度进行论述。

第一，作为服务者，基层政府应该为各个参与主体提供公共服务，以推动土地流转。首先，基层政府需要聚焦本地土地流转政策与文件的宣传和讲解工作。很多农民由于不知道、不了解土地流转的各种政策规定，不具备土地流转的决策能力，盲目流转土地。土地流转之后抱怨、不满意，甚至产生纠纷，为了避免出现这种现象，就要加强土地流转政策和法律法规的宣传与讲解。具体宣传与讲解的方式可以结合各地实际情况，遵循因地制宜、分类管理、创新与多元化相结合、具有操作性等原则。例如，可以按照农民的受教育程度分类，对于具有一定文化基础的农民，可以通过发放纸制或电子版文字材料的方式进行宣传；对于那些识字能力较差的农民，需要基层政府的干部通过面对面的方式进行宣传讲解，也可以挨家挨户走访，还可以通过集中讲授的形式进行宣传。为了让农民全面了解与掌握我国土地流转的政策、法律法规以及本地政府的实施意见与方案等，基层政府需要精准领会政策的具体内容。在进行宣传讲解之前，必须通过专业的培训学习才可以开展工作。为了吸引农民的注意力，在进行宣传讲解时，可以在形式与内容上探索创新，通过农民喜闻乐见的形式开展政策宣传。有条件的地区可以通过普法视频短片或文艺演出的形式进行宣传。其次，为了加快我国农村土地流转进程，需要各地政府结合实际进一步健全农村地区社会保障。主要关注以下几点：因地制宜完善农村最低生活保障制度，扩大低保覆盖范围，低保需要重点关注的群体有孤寡老人、残障家庭、重病家庭等；建立农村养老保险制度；设立专项助学基金，资助有困难的家庭。农村社会保障体系的资金来源问题十分关键，主要资金来源为中央政府、地方政府、农村集体经济组织三部分。最后，为了提高农民土地流转后的生活条件，帮助他们增加收入，需要有针对性地为农民提供各种专业培训。对于流出土地的农民来说，需要给他们提供各种专业技能培训，帮助他们提高再就业能力。例如，妇女可以学习月嫂与家政技能，成年男性学习汽车修配技能，年轻女性学习美容美发技能等。对于流入土地的种植农户，需要为他们提供先进农业技术的指导与培训，并且坚持培训工作的常态化、制度化、规范化。

第二，基层政府作为执行者，需要在农村土地流转工作中秉公执法，引导土地流转朝着有序、规范的方向发展。对于土地流转中涉及的土地流转方式以及流转土地的面积、权属、期限等详细条件，需要通过协议进行明确，一定要让土地流转双方明确义务与权利，这些规范性程序需要基层政府进行引导与管理。具体而言，基层政府一定要实施土地流转协议的申请备案登记制度；清晰梳理本地区的流转土地数量与进展情况，落实土地补偿机制，维护农民合法权益；重点聚焦本地区土地金融服务中介组织的管理工作。

第三，基层政府作为监督管理者，主要监督管理流转土地的用途是否合法、监督管理土地流转价格以及严厉打击违法违规的土地流转行为。基层政府要严格审查本地过往流转土地的用途，对于备案资料信息不完整的流转土地案例要进行实地调查，补充完整土地用途相关资料。首先，基层政府要组织土地、司法等相关职能部门对本地流转土地用途进行定期检查监督，防止出现农村土地他用情况。另外，还要对土地流转价格进行把控，在考虑价格影响因素的基础上，通过建立健全专业的土地价格评估机制，为土地流转价格提供一个参考范围，引导农村土地流转价格合理化和科学化。在土地流转监督管理中，打击违法土地流转行为是一项十分重要的工作。尤其对于土地流转中个别基层干部的寻租行为，一定要严查严办，绝不姑息。其次，为了提高基层政府在土地流转中的工作效率，取信于民，需要实施政务公开。土地流转过程中的相关信息尤其是收益信息需要透明公开，保障农民的知情权。基层政府作为监督者，也需要被监督。为了进一步约束和规范基层政府工作人员的行为，各地需要根据实际情况成立独立的监督组织，主要监督本地干部在土地流转工作中的行为，以保证土地流转的有序高效。最后，为了扩大基层政府对土地流转的监督管理范围，并保证监管效果，需要发动各地农民群众进行监督。各基层政府要结合各地实际情况，重点建设土地流转信息举报与反馈渠道。通过各种渠道接收农民的举报与反馈信息，并且对提供真实有效信息的主体给予奖励，不断加强对土地流转的全面监督。

七、继续推进三产融合发展，实现农业现代化

三产融合理念于2015年第一次正式提出。近几年，我国各地农村结合实际打造了各具特色的第一产业、第二产业及第三产业融合发展模式，例如，北京怀

柔区的"鱼菜共生"模式、广东阳西县的"稻鸭共生"模式。这些模式实现了经济效益与生态保护并重，对于解决我国农村土地流转问题大有裨益，并且进一步推动了农村的经济体制改革，加快落实我国农业供给侧结构性改革。

三产融合能够优化农业内部产业结构，连接农业、工业、服务业，进而增加农村经济效益。我国传统的土地制度中，农民分散经营土地，依靠农业生产经营维持生活，产业结构单一，大多数农业生产方式属于粗放型，并且我国农村地区三个产业之间彼此分割，产业链不长，导致附加值低，经济收益不高，农村整体发展落后。三产融合能够以粮食、经济作物、饲草料为基础，优化农业种植方式，以发展生态循环农业为方向，调整农业内部产业结构。进一步提高了农村经济发展水平，推动了农业、工业、服务业的深入融合。例如，加大推进农产品的初级加工与深加工，依托特色旅游资源发展乡村休闲游，挖掘历史文化资源建设特色主题乡村小镇等。三产融合能够使农业各个生产要素在三个产业之间得到有效配置，克服了农业生产的脆弱性，提高了生产效率，增加了经济效益。三产融合能够充分利用土地、资金、人力等农业生产要素，发展现代农业。各地各级政府为了构建三产融合体系，制定并实施了很多鼓励引导政策。通过引导工商企业投资农村三产融合项目、培养与输送农业科技人才、支持发展生态绿色农业、利用先进管理手段与技术发展集约化农业等各种产业政策，使得众多现代农业发展必需的农业生产要素流向农村，并且得到综合应用，进一步提升了农业的产业价值。农村的第二产业和第三产业融合，增加了农业与第二产业和第三产业之间的联系，并且通过各种模式的融合，改变了农民的身份。基于农村土地流转的基础，解放了农村劳动力，赋予农民更丰富的角色定位。农民可以是龙头企业员工、可以是家庭农场雇员、可以是新型职业农民，这些多元化的身份与角色大大提高了农民的自尊心与自信心，提升了他们的就业竞争力。

为了推进我国农村地区三产融合发展，具体可以从以下几个方面进行思考。第一，以众多三产融合主体为基础，分类管理，发挥各类主体的作用。对于专业种植大户、家庭农场、专业合作社、龙头企业、各种社会化服务组织这几种定位不同、功能不同的融合主体，各地各级政府要结合本地实际情况给予相应的鼓励与引导，使其各司其职、各尽其能。例如，专业大户和家庭农场在三产融合中处于农业生产的主体地位，在保证粮食生产总量供给前提下，开展专业化和标准化农业生产，在农产品营销环节，与龙头企业积极接洽，在农产品深加工基础上，提高品牌农产品的市场辐射范围，提高消费者满意度，做大做强品牌农产品。第二，因地制宜、大胆创新，发展多元化三产融合模式，产生协同效应。三产融合中，融合模式是核心，只有通过各种模式的协同发展，才能够创造经济效益与社会效益。各地要以拥有的各种资源为基础，借助以信息技术、生物技术、物联网技术为代表的先进技术进行创新驱动，通过农业产业内部结构之间、农业与工业之间、农业与服务业之间的有机融合，创造性地发展新兴业态，利用地区资源优势与特色，促进产业融合。例如，可以通过延伸农业产业链，进行三产融合。通过前向延伸和后向延伸两个方向进行融合，把农产品种植与加工、流通、销售、市场服务等职能有机结合，使得农业、加工企业、零售企业等产业相互融合，带动相关的农产品产业链升级优化，获取稳定的经济效益。第三，建立健全三产融合的利益联结机制，构建风险共担、利益共享的结合体系。为了使三产融合产生持续的经济效益和社会效益，各种主体之间的利益联结与分配机制非常关键。各地要实事求是，放眼未来，以农业、农民的利益为前提，以特有的融合模式为核心，提高产业链价值，公平合理分配利益，通过融合主体与小农户分工协作，推动三产融合持续发展。具体而言，以订单农业为基础，引导股份合作，注重防范运行风险，保护小农户的基本权益，促进利益共同体协同发展。

附 录

附表 1　1949～2015 年我国主要农产品播种面积、产量、单产①

单位：千公顷，万吨，千克/公顷

项目年份	粮食			稻谷			小麦			玉米			大豆			棉花		
	播种面积	产量	单产	播种面积	产量	单产	播种面积	产量	单产	播种面积	产量	单产	播种面积	产量	单产	播种面积	产量	单产
1949	123979	11318	1029	25709	4865	1892	21516	1381	642	12915	1242	962	8319	509	611	2770	44	160
1952	133633	16392	1322	28382	6843	2411	24780	1812	731	12566	1685	1341	11679	952	815	5576	130	234
1957	121621	19505	1460	32241	8678	2691	27542	2364	858	14943	2144	1435	12748	1005	788	5775	164	284
1962	119627	15441	1270	26935	6299	2388	24075	1666	692	12817	1626	1269	9503	651	684	3498	75	215
1965	119267	19453	1626	29825	8772	2941	24709	2522	1021	15671	2366	1510	8593	614	714	5003	210	419

① 中华人民共和国农业部. 新中国农业 60 年统计资料 [M]. 北京：中国农业出版社，2009.

续表

年份	粮食 播种面积	粮食 产量	粮食 单产	稻谷 播种面积	稻谷 产量	稻谷 单产	小麦 播种面积	小麦 产量	小麦 单产	玉米 播种面积	玉米 产量	玉米 单产	大豆 播种面积	大豆 产量	大豆 单产	棉花 播种面积	棉花 产量	棉花 单产
1970	121062	23996	2012	32358	10999	3399	25458	2919	1146	15831	3303	2086	7.985	871	1090	4997	228	456
1975	120587	28452	2350	35728	12556	3514	27661	4531	1638	15598	4722	2539	6999	724	1034	4956	238	480
1978	123979	30477	2527	34421	13693	3978	29183	5384	1845	19961	5595	2803	7144	757	1059	4866	217	445
1979	119263	33212	2785	33873	14375	4244	29357	6273	2137	20133	6004	2982	7247	746	1029	4512	221	489
1980	117234	32056	2734	33879	13991	4130	28844	5521	1914	20087	6260	3116	7226	794	1099	4920	271	550
1981	114958	32502	2827	33295	14396	4324	28301	5964	2107	19425	5921	3048	2397	933	1162	5185	297	572
1982	113462	35450	3124	33071	16160	4866	27955	6847	2449	18543	6056	3266	7304	903	1073	5828	360	617
1983	114047	38728	3396	33136	16887	5096	29050	8139	2802	18824	6821	3623	7.567	976	1290	6077	464	763
1984	112884	40731	3608	33178	17826	5373	29577	8782	2969	18537	7341	3960	7286	970	1331	6923	626	904
1985	108845	37911	3483	32070	16857	5256	29218	8581	2937	17694	6383	3607	7718	1050	1361	5140	415	807
1986	110933	39151	3529	32266	17222	5338	29616	9004	3040	19124	7086	3705	8295	1161	1400	4306	354	822
1987	111268	40298	3622	32192	17426	5413	28798	8590	2983	20218	7924	3921	8445	1247	1476	4844	425	876
1988	110128	39408	3579	31988	16911	5287	28785	8543	2968	19692	7735	3928	8120	1165	1434	5535	415	750
1989	112205	40755	3632	32700	18013	5509	29841	9081	3043	20353	7893	3878	8057	1023	1269	5203	379	728
1990	113466	44624	3933	33065	18933	5726	30753	9823	3194	21402	9682	4524	7560	1100	1455	5588	451	807
1991	112314	43529	3876	32590	18381	5640	30948	9595	3101	21574	9877	4578	7041	971	1380	6539	568	868
1992	110560	44266	4004	32090	18622	5803	30496	10159	3331	21044	9538	4553	7221	1030	1427	6835	451	660
1993	110509	45649	4131	30355	17751	5848	30235	10639	3519	20694	10270	4963	9454	1531	1619	4985	374	750
1994	109544	44510	4063	30172	17593	5831	28981	9930	3426	21152	9928	4963	9222	1600	1735	5528	434	785

续表

年份	粮食			稻谷			小麦			玉米			大豆			棉花		
	播种面积	产量	单产	播种面积	产量	单产	播种面积	产量	单产	播种面积	产量	单产	播种面积	产量	单产	播种面积	产量	单产
1995	110061	46662	4240	30744	18523	6025	28860	10221	3524	22776	11199	4917	8127	1350	1661	5422	477	880
1996	112548	50454	4483	31406	19510	6212	29611	11057	3734	24498	12747	5203	7471	1322	1770	4722	420	890
1997	112912	49417	4377	31765	20073	6319	30057	12329	4102	23775	10431	4387	8346	1473	1765	4492	460	1025
1998	113787	51230	4502	31214	19871	6366	29774	10973	3685	25239	13295	5268	8500	1515	1783	4460	450	1009
1999	113161	50839	4493	31283	19849	6345	28855	11388	3947	25904	12809	4945	7962	1425	1789	3726	383	1028
2000	108463	46218	4261	29962	18791	6272	26653	9964	3738	23056	10600	4598	9307	1541	1656	4041	441	1093
2001	106080	45264	4267	28812	17758	6163	24664	9387	3806	24282	11409	4698	9482	1541	1625	4810	532	1107
2002	103891	45706	4399	28202	17454	6189	23908	9029	3777	24634	12131	4925	8720	1651	1893	4184	492	1175
2003	99410	43070	4333	26508	16066	6061	21997	8649	3932	24068	11583	4813	9313	1539	1653	5111	486	951
2004	101606	46947	4621	28379	17909	6311	21626	9195	4252	25446	13029	3928	9589	1740	1815	5693	632	1111
2005	104278	48402	4642	28847	18059	6260	22793	9.745	4275	26358	13937	5287	9591	1634	1705	5062	571	1129
2006	104958	49804	4716	28938	18172	6279	23613	10847	4593	28463	15160	5326	9304	1508	1621	5816	753	1295
2007	105999	50414	4748	28973	18638	6433	23770	10930	4608	29478	15230	5167	8754	1273	1454	5926	762	1286
2008	107545	53434	4951	29350	19261	6563	23715	11246	4762	29864	16591	5556	9127	1554	1703	5754	749	1302
2009	110255	53941	19505	29793	19620	6585	24442	11580	4741	32948	17326	5258	9339	1522	1630	4485	624	1391
2010	111695	55911	15441	30097	19723	6553	24459	11609	4750	34977	19075	5454	8700	1541	1771	4366	577	1322
2011	112980	58849	19453	30338	20288	6687	24523	11857	4838	36767	21132	5748	8103	1488	1836	4524	652	1441
2012	114368	61223	23996	30476	20653	6777	24576	12247	4989	39109	22956	5870	7405	1344	1814	4360	661	1516
2013	115908	63048	28452	30710	20629	6717	24470	12364	5059	41299	24845	6016	7050	1241	1760	4162	628	1509
2014	117455	63965	30477	30765	20961	6813	24472	12824	5246	42997	24976	5809	7098	1269	1787	4176	630	1508
2015	118963	66060	11318	30784	21214	6891	24596	13256	5396	44968	26499	5893	6827	1237	1811	3775	591	1565

附表 2　2000～2019 年我国主要农作物供给总量统计[①]

单位：千吨

项目 年份	玉米				小麦				棉花				大豆				主要农作物总供给量
	总生产量	进口量	年初库存量	总供给量	总生产量	进口量	年初库存量	总供给量	总生产量	进口量	年初库存量	总供给量	总生产量	进口量	年初库存量	总供给量	
2000	106000	89	123799	229888	99640	195	102943	202778	20300	230	22378	42908	15409	13245	3170	31824	507398
2001	114088	39	102372	216499	93873	1092	91877	186842	24400	449	19741	44590	15410	10385	4910	30705	478636
2002	121308	29	84788	206125	90290	418	76588	167296	25200	3127	18848	47175	16507	21417	2095	40019	460615
2003	115830	2	64981	180813	86490	3749	60378	150617	23800	8832	17474	50106	15394	16933	4464	36791	418327
2004	130287	2	44860	175149	91952	6747	43293	141992	30300	6385	18983	55668	17401	25802	2100	45303	418112
2005	139365	62	36560	175987	97445	1129	38821	137395	28400	19284	18388	66072	16350	28317	4700	49367	428821
2006	151603	16	35260	186879	108466	388	34498	143352	35500	10588	22536	68624	15082	28726	4573	48381	447236
2007	155123	41	36610	191774	109525	49	38569	148143	37000	11530	20536	69066	12793	37816	1809	52418	461401
2008	172120	47	36225	208392	112932	481	39308	152721	36700	6996	20504	64200	15709	41098	2397	59204	484517
2009	173259	1296	44220	218775	115834	1394	46498	163726	32000	10903	21366	64269	15224	50338	7304	72866	519636
2010	190752	979	42624	234355	116141	927	54834	171902	30500	11979	14246	56725	15410	52339	12982	80731	543713
2011	211316	5231	43244	259791	118625	2933	59461	181019	34000	24533	10603	69136	14879	59231	14541	88651	598597
2012	229559	2702	55700	287961	122540	2960	56541	182041	35000	20327	31081	86408	13436	59865	16076	89377	645787

① USDA 官网。

续表

项目	玉米					小麦					棉花					大豆					主要农作物总供给量
年份	总生产量	进口量	年初库存量	总供给量		总生产量	进口量	年初库存量	总供给量		总生产量	进口量	年初库存量	总供给量		总生产量	进口量	年初库存量	总供给量		
2013	248453	3277	80880	332610		123710	6773	55072	185555		32750	14122	50361	97233		12407	70364	12411	95182		710580
2014	249764	5516	123588	378868		128321	1926	67166	197413		30000	8284	62707	100991		12686	78350	13967	105003		782275
2015	264992	3174	172855	441021		132639	3476	79110	215225		22000	4406	66420	92826		12367	83230	17060	112657		861729
2016	263613	2464	212017	478094		133271	4410	96996	234677		22750	5032	56698	84480		13596	93495	16643	123734		920985
2017	259071	3456	223017	485544		134334	3937	114929	253200		27500	5710	45919	79129		15283	94095	20120	129498		947371
2018	257330	4483	222525	484338		131430	3145	131196	265771		27750	9640	37993	75383		15967	82540	23064	121571		947063
2019	260770	7000	210319	478089		133590	4000	139765	277355		27250	8500	35670	71420		18100	88000	19455	125555		952419

附表3 2000~2019年我国主要农作物总消费量统计[①]

单位：千吨

项目 年份	玉米			小麦			棉花			大豆		主要农作物 总消费量
	出口量	国内消费量	总消费量	出口量	国内消费量	总消费量	出口量	国内消费量	总消费量	国内消费量	总消费量	
2000	7276	120240	127516	623	110278	110901	442	23500	23942	26706	26914	289273
2001	8611	123100	131711	1512	108742	110254	342	26250	26592	28310	28610	297167
2002	15244	125900	141144	1718	105200	106918	751	29900	30651	35290	35555	314268
2003	7553	128400	135953	2824	104500	107324	173	32000	32173	34372	34691	310141
2004	7589	131000	138589	1171	102000	103171	30	38500	38530	40213	40603	320893
2005	3727	137000	140727	1397	101500	102897	36	45000	45036	44440	44794	333454
2006	5269	145000	150269	2783	102000	104783	88	50000	50088	46126	46572	351712
2007	549	155000	155549	2835	106000	108835	62	51000	51062	49568	50021	365467
2008	172	164000	164172	723	105500	106223	84	44000	44084	51500	51900	366379
2009	151	176000	176151	892	108000	108892	23	50000	50023	59700	59884	394950
2010	111	191000	191111	941	111500	112441	122	46000	46122	66000	66190	415864
2011	91	204000	204091	978	123500	124478	55	38000	38055	72300	72575	439199
2012	81	207000	207081	969	126000	126969	47	36000	36047	76700	76966	447063
2013	22	209000	209022	889	117500	118389	26	34500	34526	81000	81215	443152
2014	13	206000	206013	803	117500	118303	71	34500	34571	87800	87943	446830
2015	4	229000	229004	729	117500	118229	128	36000	36128	95900	96014	479375
2016	77	255000	255077	748	119000	119748	61	38500	38561	103500	103614	517000
2017	19	263000	263019	1004	121000	122004	136	41000	41136	106300	106434	532593
2018	19	274000	274019	1006	125000	126006	213	39500	39713	102000	102116	541854
2019	20	279000	279020	1100	128000	129100	175	37500	37675	103700	103825	549620

① USDA官网。

参考文献

[1] 中共中央马克思恩格斯列宁斯大林著作编译局. 马克思恩格斯全集（第 13 卷）[M]. 北京：人民出版社，1962.

[2] 中共中央马克思恩格斯列宁斯大林著作编译局. 马克思恩格斯全集（第 30 卷）[M]. 北京：人民出版社，1975.

[3] 中共中央马克思恩格斯列宁斯大林著作编译局. 马克思恩格斯全集（第 37 卷）[M]. 北京：人民出版社，1971.

[4] 中共中央马克思恩格斯列宁斯大林著作编译局. 马克思恩格斯全集（第 3 卷）[M]. 北京：人民出版社，1960.

[5] 中共中央马克思恩格斯列宁斯大林著作编译局. 马克思恩格斯全集（第 46 卷（上））[M]. 北京：人民出版社，1979.

[6] 中共中央马克思恩格斯列宁斯大林著作编译局. 马克思恩格斯全集（第 46 卷（下））[M]. 北京：人民出版社，1980.

[7] 中共中央马克思恩格斯列宁斯大林著作编译局. 马克思恩格斯全集（第 4 卷，第 12 卷）[M]. 北京：人民出版社，1965.

[8] 蔡海燕，董景湘，宋智贤等. 河北省土地流转后"非粮化"问题研究[J]. 河北农业科学，2018，22（3）：88-92.

[9] 蔡凯龙. 石狮市土地流转中的政府行为研究[D]. 厦门：华侨大学，2019.

[10] 曾超群. 农村土地流转问题研究[D]. 长沙：湖南农业大学，2010.

[11] 曾莹，高雨键，付成. 供给侧改革背景下河南省临颍县土地流转情况

的调查与思考 [J]. 中国集体经济, 2016 (34): 14-15.

[12] 陈冬生. 当前我国农村土地流转现状、问题与对策 [J]. 山东省农业管理干部学院学报, 2013, 30 (4): 18-20.

[13] 陈泠璇. 我国农业供给侧现状与对策研究 [J]. 纳税, 2018, 12 (21): 175-176.

[14] 陈志刚. 农业供给侧结构性改革下的村域经济发展研究 [J]. 青海师范大学学报 (哲学社会科学版), 2017, 39 (5): 28-34.

[15] 邓晓宇. 供给侧改革下农村土地使用权流转的问题及对策——以陕西省户县为例 [J]. 陕西行政学院学报, 2016, 30 (4): 83-86.

[16] 杜冰冰. 我国农村土地流转原则及政策建议分析 [J]. 经济师, 2019 (1): 18-19+21.

[17] 鄂昱州. 我国农业供给侧改革的目标设定与实现途径 [J]. 商业研究, 2017 (12): 181-184.

[18] 甘庭宇. 土地使用权流转中的农民利益保障 [J]. 农村经济, 2006 (5): 29-32.

[19] 高萌. 关于深入推进内蒙古农牧业供给侧结构性改革的思路建议 [J]. 北方经济, 2017 (2): 33-35.

[20] 高雅, 刘玥. 供给侧改革背景下的农村土地流转问题——以内蒙古地区为例 [J]. 农村经济与科技, 2018, 29 (17): 7-11.

[21] 高玉峰. 制约农村土地流转的因素及对策探析 [J]. 河南农业科学, 2010 (9): 154-156.

[22] 郭栋. 现阶段我国农村土地流转模式研究 [D]. 太原: 山西大学, 2017.

[23] 郭天宝, 周亚成. 供给侧改革背景下农业结构优化对农民收入的影响 [J]. 当代经济研究, 2017 (9): 80-87.

[24] 郭衍宏, 王猛. 农村土地流转的动力机制及约束因子分析 [J]. 经济师, 2018 (10): 8-9+11.

[25] 洪战辉. 我国农村土地流转模式研究 [D]. 长沙: 中南大学, 2012.

[26] 黄宝连, 黄祖辉, 顾益康, 王丽娟. 产权视角下中国当前农村土地制

度创新的路径研究——以成都为例［J］．经济学家，2012（3）：66-73．

［27］黄蓓．1992~2012年我国大豆市场供求状况分析［J］．中国物价，2014（3）：49-52．

［28］黄良伟，文杰，周发明，杨泽良．农业供给侧结构性改革的背景与理论依据［J］．农村经济与科技，2017，28（23）：33-34．

［29］黄奇鹏，武文斌，李聪，孟乐，林冬华．中国小麦供需形势分析与对策［J］．现代面粉工业，2018，32（5）：39-42．

［30］江维国，李立清．我国农业供给侧问题及改革［J］．广东财经大学学报，2016，31（5）：84-91．

［31］江维国．我国农业供给侧结构性改革研究［J］．现代经济探讨，2016（4）：15-19．

［32］姜晓伟，李海锦．探究农业供给侧改革之六大举措［J］．中国农业文摘——农业工程，2016，28（5）：44-46．

［33］靳淑平．我国现代农业发展的演进分析［J］．中国农业资源与区划，2014（5）：95-100．

［34］靳相木．土地集体所有制的历史方位［J］．农业经济问题，2007（1）：10-15+111．

［35］兰玲．从生产力、生产关系的二重性看二者的相互作用［J］．生产力研究，2015（5）：1-4+49．

［36］兰玲．马克思与李嘉图的地租理论比较研究［J］．改革与战略，2010，26（4）：14-17．

［37］兰玲．我国农村土地两权关系演变规律［M］．北京：经济管理出版社，2017．

［38］兰玲，李清，王金娟．农村土地产权交易市场现状与对策——基于吉林省的研究［M］．北京：经济管理出版社，2018．

［39］李姗姗，匡远配．农业供给侧改革下的土地流转问题研究［J］．安徽农业科学，2018，46（23）：215-218．

［40］李向荣．供给侧改革下农业产业化经营的策略方针［J］．中国林业经济，2018（4）：22-23．

[41] 李晓, 赵颖文. 农村土地流转的制约因素分析及对策建议——基于四川省农村土地流转实证分析 [J]. 农业科技管理, 2010, 29 (6): 74-77.

[42] 李晓晴. 农业供给侧改革背景下土地流转与规模经营问题研究 [J]. 理论观察, 2016 (11): 101-103.

[43] 廖宜静, 阚延恒. 农户参与农地流转意愿影响因素的实证分析——以安徽省为例 [J]. 湖南农业科学, 2012 (23): 109-112.

[44] 林乐芬, 金媛. 农地流转方式福利效应研究——基于农地流转供求方的理性选择 [J]. 南京社会科学, 2012 (9): 74-79.

[45] 林毅夫. 农村现代化与城市发展 [J]. 领导决策信息, 2001 (35): 22.

[46] 刘畅. 黑龙江省供给侧改革视角下土地流转政策研究 [D]. 哈尔滨: 哈尔滨商业大学, 2017.

[47] 刘改玲. 推进农村土地流转实施乡村振兴战略 [J]. 环球市场信息导报, 2018 (17): 13.

[48] 刘丽辉, 吴彩容. 农业结构调整成效及其影响因素的协整分析 [J]. 经济问题, 2014 (7): 85-89.

[49] 刘凌霄. 农业产业结构调整的理论方法及应用研究 [D]. 北京: 北京交通大学, 2015.

[50] 刘明沙, 徐恒周. 农地确权对农村土地流转的影响研究——基于农民分化的视角 [J]. 干旱区资源与环境, 2016 (5): 25-29.

[51] 刘卫柏, 陈柳钦, 李中. 农村土地流转问题新思索 [J]. 理论探索, 2012 (2): 96-99.

[52] 刘卫柏. 我国农村土地流转机制研究 [D]. 长沙: 中南大学, 2013.

[53] 刘晓峰, 刘畅. 农业供给侧结构性改革视角下的土地流转问题及对策 [J]. 对外经贸, 2017 (4): 118-119.

[54] 刘晓霞, 刘婷婷, 栾玉洁. 基层政府在农村土地流转中的行为困境及其克服——以嘉兴市"两分两换"试点镇为例 [J]. 经营与管理, 2015 (4): 139-143.

[55] 刘晓霞. 我国城镇化进程中的失地农民问题研究 [D]. 长春: 东北

师范大学，2009.

[56] 刘艳．农村土地使用权流转研究［M］．大连：东北财经大学出版社，2007.

[57] 刘余，卢华，周应恒．中国农业生产土地成本的演变趋势及影响分析［J］．江西财经大学学报，2019（2）：48-61.

[58] 鲁玉秀．基于农民增收的土地供给侧改革探讨［J］．农业经济，2016（9）：83-85.

[59] 马克思．资本论［M］．北京：人民出版社，1975.

[60] 马喜珍．发达国家农村土地流转实施经验分析及借鉴［J］．世界农业，2013（1）：44-47.

[61] 马兴彬．我国农村城镇化进程中土地流转问题研究［D］．哈尔滨：哈尔滨工业大学，2013.

[62] 梅福林．我国农村土地流转的现状与对策［J］．统计与决策，2006（19）：46-48.

[63] 梅琳．我国农村土地流转模式研究［D］．福州：福建师范大学，2011.

[64] 慕卫东．重庆地票制度的功能研究：制度经济学视角［D］．重庆：西南大学，2016.

[65] 牛星，吴冠岑．供给侧结构性改革：农地流转市场发展的困境与出路——结合上海调研的思考［J］．经济体制改革，2017（3）：75-81.

[66] 欧阳强斌．农业供给侧结构性矛盾与制度供给创新［J］．财政监督，2018（3）：100-103.

[67] 潘润秋，施炳晨，李禾．供给侧改革下互适模型在农地流转中的应用［J］．中国房地产，2019（6）：34-40.

[68] 彭开丽，李洪波．美国的土地征用补偿制度及其对我国的启示［J］．农业科技管理，2006（6）：49-51.

[69] 蒲实．推进农业供给侧结构性改革的重要任务［J］．山东干部函授大学学报（理论学习），2018（11）：47.

[70] 齐景琦．当前我国农村土地流转问题研究［D］．大连：东北财经大学，2017.

［71］钱忠好. 中国农村土地制度变迁和创新研究［M］. 北京：中国农业出版社，1999.

［72］瑞娜. 浅谈中央一号文件中提及的农业供给侧改革［J］. 农业机械，2016（3）：52-53.

［73］闫小欢，霍学喜. 农民就业、农村社会保障和土地流转——基于河南省479个农户调查的分析［J］. 农业技术经济，2013（7）：34-44.

［74］邵楠. 吉林省农产品质量安全监管问题研究［D］. 长春：吉林大学，2018.

［75］邵彦敏. 美日现代农村土地制度的比较与借鉴［J］. 东北亚论坛，2004（4）：80-83.

［76］史志强. 国外土地流转制度的比较和借鉴［J］. 东南学术，2009（2）：67-71.

［77］斯大林. 苏联社会主义经济问题［M］. 北京：人民出版社，1961.

［78］宋文新. 我国农业结构战略性调整研究［D］. 天津：天津大学，2003.

［79］孙凤梅. 要高度重视农民技能培训［J］. 甘肃农业，2006（4）：89.

［80］孙小燕. 农产品质量安全问题的成因与治理［D］. 成都：西南财经大学，2008.

［81］孙源. 以土地流转促进农业供给侧改革发展研究——以安阳市殷都区为例［J］. 乡村科技，2018（3）：11-12.

［82］田婧. 供给侧结构性改革背景下的农业现代化研究［J］. 经济管理（文摘版），2016（6）：116.

［83］汪佳群. 基于需求变化的农产品供给侧结构性改革研究［D］. 合肥：安徽大学，2019.

［84］汪希成，吴昊. 我国粮食供求结构新变化与改革方向［J］. 社会科学研究，2016（4）：130-135.

［85］王冠伦，王征. "互联网+"视域下的我国农村土地流转和农业产业化问题管窥［J］. 实事求是，2017（1）：33-37.

［86］王桂峰，魏学文，王琰，董文全. 山东省棉花供给侧结构性改革的思

考与建议［J］．山东农业大学学报（社会科学版），2017，19（2）：16-23．

［87］王海娟，胡守庚．农村土地"三权分置"改革的两难困境与出路［J］．武汉大学学报（哲学社会科学版），2019（5）：184-192．

［88］王海莲．供给侧改革背景下纾解农村土地流转的对策［J］．乡村科技，2017（13）：25-26．

［89］王璟淳．转型时期俄罗斯农村土地流转制度研究及借鉴［D］．南昌：江西财经大学，2019．

［90］王思雨，郭素芳．供给侧结构性改革视角下的农村土地流转［J］．安徽农学通报，2016，22（10）：29-30+42．

［91］王文俊．新型农业经营主体的发展实践与机制构建研究［J］．陕西行政学院学报，2017，31（4）：5-10．

［92］王雨濛，孔祥智．农业供给侧结构性失衡原因分析与改革的思考［J］．农林经济管理学报，2018，17（3）：245-253．

［93］王振坡，王丽艳．日本和俄罗斯农村土地产权制度变革及其对中国的借鉴价值［J］．城市，2007（11）：54-57．

［94］王忠林，韩立民．我国农村土地流转的市场机制及相关问题探析［J］．齐鲁学刊，2011（1）：105-108．

［95］温铁军．我们到底要什么［M］．北京：华夏出版社，2004．

［96］吴星明．"塘约道路"的治理逻辑及其推广价值研究［D］．长沙：湖南师范大学，2018．

［97］肖卫东，杜志雄．农村一二三产业融合：内涵要解、发展现状与未来思路［J］．西北农林科技大学学报（社会科学版），2019，19（6）：120-129．

［98］徐莫言．农地确权对中国农村土地流转的影响研究［D］．杭州：浙江大学，2019．

［99］许瑞泉．经济新常态下我国农业供给侧结构性改革路径［J］．甘肃社会科学，2016（6）：178-183．

［100］杨晓辉．农村土地流转问题研究［D］．石家庄：河北师范大学，2012．

［101］杨阳，马驰，常伟．越南农地制度改革及其政策启示［J］．世界农

业,2018(4):75-79.

[102] 杨玉珍. 农业供给侧结构性改革下传统农区政策性土地流转纠偏[J]. 南京农业大学学报(社会科学版),2017,17(5):79-87+153.

[103] 姚洋. 土地、制度和农业发展[M]. 北京:北京大学出版社,2004.

[104] 叶初升,马婷. 新中国农业结构变迁70年:历史演进与经验总结[J]. 南京社会科学,2019(12):1-9+33.

[105] 叶丹,黄庆华,刘晗. 供给侧改革背景下中国农产品结构优化路径与机制研究[J]. 世界农业,2016(6):199-202.

[106] 叶兴庆. 从经营权看农地"三权分置"[J]. 农村经营管理,2016(12):17-19.

[107] 于佳乐. 王银香:从供给侧发力破解土地流转问题[J]. 经济,2016(9):32-33.

[108] 余春苗. "三权分置"背景下农村土地流转的金融支持问题[J]. 农村经济与科技,2018,29(20):75-76.

[109] 余暄烨. 农村土地流转模式的缺陷及对策分析[J]. 求实,2013(12):112-115.

[110] 张冬平. 中国农业结构变革与效率研究[D]. 杭州:浙江大学,2001.

[111] 张锦. 关于农业供给侧结构性改革的几点思考[J]. 佳木斯职业学院学报,2017(8):447+449.

[112] 张俊莹. 河北省土地承包经营权流转问题研究[D]. 保定:河北农业大学,2010.

[113] 张明慧. 农地流转视域下的湖北省天门市农民收入问题研究[D]. 昆明:昆明理工大学,2019.

[114] 张宁. 供给侧结构性改革视角下农业可持续增长的动力探析[J]. 技术经济与管理研究,2017(9):124-128.

[115] 张容军,段建南. 供给侧改革背景下农村闲置土地的概况与利用研究[J]. 江苏农业科学,2017,45(19):39-45.

[116] 张森，徐小任. 兰陵县代村农地流转模式及效益分析 [J]. 现代农业科技, 2019（12）: 256-258.

[117] 章合运. 农村宅基地使用权流转的法律问题研究 [D]. 成都: 四川省社会科学院, 2009.

[118] 赵朝. 吉林省西部地区农地流转问题研究 [D]. 长春: 吉林大学, 2018.

[119] 赵万水. 日本农民年金制度对我国土地保障的启示 [J]. 调研世界, 2004（7）: 37-39.

[120] 赵维清. 日本农地流转状况分析及启示 [J]. 农业经济问题, 2010, 31（10）: 106-109.

[121] 赵新潮. 我国农村承包土地"三权分置"研究 [D]. 石家庄: 河北经贸大学, 2016.

[122] 赵悦. 吉林省种植业供给侧结构性改革及其优化研究 [D]. 长春: 吉林农业大学, 2019.

[123] Chen Zhigang, Qu Futian, Wang Qing. The Impact of Changes of Property Rights on Farm and Use: An Empirical Study of China During Transition [J]. Chinese Journal of Population Resources and Environment, 2007（5）: 26-32.